중독행동을 극복하기 위한
내가 누구인지 이제 알았습니다

죠이선교회는 예수님을 첫째로(Jesus First)
이웃을 둘째로(Others Second)
나 자신을 마지막으로(You Third) 둘 때
참 기쁨(JOY)이 있다는 죠이정신(JOY Spirit)을 토대로
하나님 나라의 확장을 위해 지역교회와 협력, 보완하는
선교단체로서 지상명령을 성취한다는 사명으로 일합니다.

죠이선교회출판부는 그리스도를 대신한 사신으로
문서를 통한 지상명령 성취와 하나님 나라 확장을 위해 노력합니다.

Copyright © 2003 Neil T. Anderson and Mike & Julia Quarles
Originally published in England under the title:
Overcoming Addictive Behavior
Published by Regal Books
A Division of Gospel Light Publications, Inc.
Ventura, Califonia 93006, U.S.A
All rights reserved.

Korean Copyright © 2005 JOY Mission
Jekee dong 274-6, Dongdaemoon ku, Seoul 130-861, KOREA

OVERCOMING ADDICTIVE BEHAVIOR

Neil T. Anderson
Mike Quarles

From Gospel Light
Ventura, California, U.S.A.

추천의 글

정동섭 교수 / 가족관계연구소장, 전 침신대 기독교상담학과장

21세기를 행복의 세기라고 한다. 그러나 새천년을 맞이하고도 세상은 점점 더 불확실해지고 있으며 불안과 우울감은 더해가고 있다. 우울증이 확산되면서 자살하는 사람이 날로 증가하고 있다. 행복해야 할 결혼이 이혼으로 끝나는 사례가 증가하고 있다.

하나님께서는 우리의 행복을 위하여 성경을 선물로 주셨다(신 10:13). 사람은 누구나 행복을 갈망한다. 기쁨과 평안과 감사로 가득한 행복을 누리기 원하는 것은 우리 모두의 염원이다. 그런데 우리의 자족하는 마음을 불만과 불평으로 가득하게 하는 것은 무엇인가?

심리학자들의 한결같은 진단은 우리가 일상생활에서 갖게 되는 불평들이 모두 우리의 자아상self-image과 관계되어 있다는 것이다. 자아상이 건강할 때, 즉 자존감이 높을 때 우리의 대인관계가 원만하고 생활의 질도 높아지는 것이다.

나는 누구인가? 나는 얼마나 소중한 사람인가? 나는 무엇을 할 수 있는가? 우리의 자아상은 우리와 하나님과의 관계는 물론, 배우자와 자녀, 그리고 대인관계 전반에 지대한 영향을 미친다. 성경

적 자아상을 회복하면 결혼생활을 비롯한 생활의 모든 영역이 풍성해진다.

관계전문가 레스 패로트Les Parrott는 말한다. "자아정체감이 확립되지 않은 상태에서 다른 사람과 친밀한 관계를 시도해 보았자, 그 대인관계는 자신의 자아를 완성하려는 부질없는 노력으로 시종일관하게 된다. 나는 누구인가에 대한 확고한 자아상을 정립하는 것이야말로 변치 않는 우정과 인생의 반려자를 발견하기 위한 가장 기초적인 작업이다."

이번에 죠이선교회에서 출간하는 닐 앤더슨의 책들은 우리 모두의 관심사라 할 수 있는 자아상의 문제와 자기의심(확신이 없는 삶), 우울증 그리고 중독행동이라는 주제를 다루고 있다.

닐 앤더슨은 《내가 누구인지 이제 알았습니다》, 《이제 자유입니다》 등의 베스트셀러를 통해서 우리나라에 잘 알려진 크리스천 심리학자이다. 그는 그리스도 안에서의 정체성을 확인하는 것이 모든 것의 기초가 된다는 진리를 누구나 이해할 수 있는 문장으로 나누는 실천신학자로 유명하다. 내가 누구인지를 아는 것이 우리의 생각과 감정과 행동에 그대로 영향을 미치기 때문이다.

자아개념과 자아정체감, 자아상 그리고 자아존중감은 정신건강의 가늠자가 된다. 그리스도 안에서 나 자신을 사랑하지 않고는 다른 사람을 사랑할 수 없다. 분명한 자아정체감과 확고한 자존감은 정신건강의 필수요소이며 행복하고 풍성한 삶을 누리는 데 없어서는 안 될 핵심요인이다.

행복한 사람은 자존감이 높은 사람 즉 자신을 사랑하는 사람이며, 외향적이고 사교적인 사람이며, 낙천적이고 긍정적인 사람이며, 자신이 처해 있는 상황을 변화시킬 수 있다는 자기효능감을 지닌 사람이라는 것이 행복학science of happiness을 연구하는 긍정심리학자들positive psychologists의 일관된 주장이다.

당신은 얼마나 행복한 사람인가? 행복한 삶을 누리기 원하는가? 사람은 책을 만들고 책은 사람을 만든다는 말이 있다. 이 책에는 저자들의 인격과 사상이 담겨 있다. 세계적인 상담자에게 개인 상담을 받는 심정으로 인격감각을 가지고 이 책을 읽어보기 바란다. 당신은 마음을 새롭게 함으로 변화되어가는 자신을 발견하게 될 것이다.

좋은 책을 권하는 권서인으로 이름이 나 있는 정진환 목사님께서 이 정신건강 시리즈를 우리말로 옮겨주셨다. 문장 하나하나에 그의 장인정신이 배어 있다. 정진환 목사님은 찰스 스윈돌Charles R. Swindoll의 《은혜의 각성Grace Awakening》(죠이선교회 역간)을 수려한 문체로 번역하여 많은 독자들에게 감동을 선물했는데, 이번에도 세심한 번역으로 독자를 섬겨주셨다. 독자를 대신하여 고마움을 표하고 싶다.

이 책을 통해 치유와 회복, 그리고 성숙의 변화를 경험하기를 바라며, 기쁨으로 이 책을 추천한다.

추천의 글

김형준 목사 / 동안교회 담임목사, 크리스찬 치유상담연구원 전임교수

〈내가 누구인지 이제 알았습니다 시리즈〉의 기초가 되는 닐 앤더슨 박사의 《내가 누구인지 이제 알았습니다Victory over The Darkness》를 소개 받은 것은 미국에서 공부할 때였다. "목회상담과 영성"이란 수업에서 토론을 하던 중 치유와 영적 성장에 관심이 많다는 어느 미국인 학생이 자신이 목회하는 현장에서 닐 앤더슨 박사의 이 책과 또 다른 한 책 《이제 자유입니다The Bondage Breaker》가 치유를 경험하는 데 큰 도움이 되었노라고 소개한 것이다.

미국에서 목회와 상담을 하면서 발견한 것은 상담이 필요한 사람들, 심하게는 정신과 치료가 필요한 사람들에게 공통적으로 크게 두 가지 문제점이 있다는 사실이었다. 첫째로 그들에게는 하나님의 모습이 왜곡되어 있었다. 성경말씀에 기초한 하나님이 아니라 자기가 만든 하나님을 진리로 잘못 받아들여 하나님을 두려워하거나 하나님께 분노하고 있었다. 또 다른 문제는 자기 정체성의 혼란이었다. 자신이 누구인지, 어떤 존재인지, 그리고 그리스도인이라는 것의 의미가 무엇인지에 대한 혼란이었다. 이러한 정체성의 혼란은 인지와 정서 그리고 행동에 영향을 끼쳐 영적인 혼란이

나 심리장애를 일으키는 결과를 낳았다.

당시 상담자로서 내 고민은, 성경에서 얻은 영적 통찰을 심리학적으로 연결 지을 방법은 없는지, 그래서 단순한 증상의 치유를 넘어 영적인 성장까지 꾀할 수는 없는지 하는 것이었다. 한 가지 더 추가하자면 치유과정 중에 어둠의 영들과 대적이 불가피해질 때 어떻게 해야 하는가 또한 고민이었다. 이렇게 목회와 상담 경험을 통해 발견한 문제점과 내 개인적인 고민을 해결하는 데 닐 앤더슨의 책은 큰 도움이 되었다.

본서는 부정적 자아상과 중독행동 그리고 자기의심과 우울증 및 좌절 등의 원인이 바로, 우리가 그리스도인으로서 누구이며 이 사실이 의미하는 바가 무엇인지를 충분히 이해하지 못하고 있기 때문이라고 설명한다. 따라서 본서를 읽다보면 정신적, 영적 건강과 자유는 하나님을 바로 이해하고 하나님과 바른 관계를 전제로 한다는 것, 그래서 올바른 신학은 올바른 심리학에 있어 필수불가결한 요소라는 것을 알게 된다.

예수님의 자녀가 된 것, 그분을 따르고 그분 안에서 안식을 누리는 것의 의미를 충분히 이해한다면 우리 생활은 확연히 달라질 수밖에 없다. 진정한 앎은 그리스도인의 삶에 눈에 띄는 변화를 가져오기 때문이다. 본서는 예수님을 믿음으로써 달라진 점이 구체적으로 나타나지 않는다면, 믿음의 시작점으로 돌아가 내가 하나님의 자녀 됨의 의미를 충분히 이해하고 있는지 재점검하라고 권한다. 그리스도인이라도 자신을 있는 그대로 받아들이지 못하고 낮은 자존감, 중독, 자기의심, 우울증으로 씨름하고 있는 사람들에게 '하나님의 자녀 됨'에 관한 올바른 지식을 주어 그리스도 안에서 참 자유를 누리는 차원에 이르도록 많은 통찰을 제공해준다.

《부정적인 자아상 극복하기》,《중독행동 극복하기》,《자기의심 극복하기》,《우울증 극복하기》의 네 권은《내가 누구인지 이제 알았습니다》의 심화, 특화본이라고 할 만큼, 원래의 기본내용에 충실하면서 각각의 주제에 맞춰 작은 책으로 새롭게 엮은 것이다. 이전에《내가 누구인지 이제 알았습니다》를 읽어본 독자라면 좀더 세분화된 관점에 따라 제시된 깊이 있는 메시지를 접하는 기쁨을 맛보게 될 것이다. 한편 이 책을 처음 접하는 독자라면 자신의 상황과 좀더 가까운 주제를 택해서 읽어나가는 맞춤 읽기가 가능하다는 장점을 누릴 수 있을 것이다. 이와 더불어 책을 읽어나가다 보면, 하나님 말씀에 관한 지식, 그리스도 안에서 자신의 신분에 대한 이해와 함께, 삶에서 성령의 임재하심의 결과가 바로 영적 성숙이라는 것도 자연스레 이해하게 될 것이다. 그러한 영적 성숙이 이 책을 읽는 모든 독자들 삶에 이루어지기를 축복한다.

편집자 주 이 책에서 인용한 성경말씀은, 본문 내용 중에서는 개역개정판을, 따로 인용한 경우에는 새번역을 사용하였으며, 이러한 일반기준을 따르지 않은 경우에는 번역본을 명기하였습니다. 성경말씀 중에 강조된 부분은 모두 저자가 한 것입니다.

차 례

추천의 글 _4

이 책을 읽기 전에 _12

들어가는 말 _15

1장_왜 이렇게 행동하는가? Why Do We Do It? _27

2장_중독에 이르는 길 The Path to Addiction _41

3장_모든 중독의 궁극적인 원인 The Ultimate Cause of All Addictions _59

4장_좋은 소식 The Good News _79

5장_죄에 대한 승리 Victory over Sin _101

6장_우리 지체 중의 싸움 The War in Our Members _129

7장_자신을 죄와 분리하라 Separating Ourselves from Sin _145

8장_정신적 요새는 어떻게 형성되는가 How Mental Strongholds Are Formed _161

9장_요새를 허물라 Tearing Down Strongholds _181

에필로그 _199

이 책을 읽기 전에

중독이란 무엇인가?

미국의 권위 있는 메리암-웹스터 사전 Merriam-Webster's Collegiate Dictionary, 10th ed.에 따르면, "중독addict"이란 "어떤 일에 습관적으로 또는 강박적으로 자신을 몰입하거나 거기에 항복하는 것"이라고 정의할 수 있다. 중독자란 그 일에 자신을 내맡기고 몰입하는 사람을 지칭한다. 앞으로의 논의를 위하여 우리는 중독자를 '습관적인 죄에서 스스로 벗어날 능력이 없는 사람'이라고 이해하자. 중독자들은 죄를 짓고 자백하고, 죄를 짓고 후회하고, 죄를 짓고 회개하고, 그리고 또 죄를 짓는 사이클을 반복한다. 이들 패배한 그리스도인은 로마서 7장에 갇혀 더 나아가지 못하는 사람들이다. 무엇이 옳은 일인지도 알고 그 옳은 일을 하기를 원하지만, 정작 그것을 행하지는 못하는 것이다. 이 책에서는 중독행동을 보이는 그리스도인이 어떻게 이 사이클을 벗어나 그리스도 안의 자유를 경험할 수 있는지, 그 길을 제시하고자 한다.

자유란 무엇인가?

사도 바울은 "그리스도께서 우리를 자유롭게 하려고 자유를 주셨으니"(갈 5:1)라고 기록했다. 그리스도인은 신분상으로, 그리스도 안에서 살아 있으며 자유한 상태이다. 하나님은 그의 자녀들을 자유하게 하셨으나, 우리 가운데 많은 이가 그 자유를 경험하지 못하고 있다.

메리암-웹스터 사전(10판)은 "자유"를 이렇게 정의하고 있다.

> 자유로운 상태 혹은 그러한 속성; (1) 선택이나 행동에 있어서 어떤 강요, 강압, 강제가 없는 상태. (2) 예속, 구속, 타인의 지배 등으로부터의 해방; 독립.

이 정의는 자유의 두 가지 면을 설명하고 있다. 첫째는 선택의 자유이다. 선택의 자유가 주어질 때, 우리는 자칫 방종이나 율법주의 중 어느 한 극단으로 치닫기 쉽다. 우리의 행동이 방종으로 치우칠 때는, 이런 결정에는 반드시 결과가 따르며 잘못된 결정은 우리를 속박한다는 것을 기억해야만 한다. 반대로 율법주의로 기우는 그리스도인들이 기억해야 할 것은 우리가 그리스도 안에서 새로운 피조물로서 이미 율법의 형식적인 규제나 우리의 과거로부터 자유하다는 사실이다. "주는 영이시니 주의 영이 계신 곳에는 자유가 있느니라"(고후 3:17). 그리스도 안에서 자유를 누리는 것은 방종(갈 5:13을 보라)과 율법(갈 5:1을 보라) 모두를 경계한다는 의미이다.

자유의 다른 한 면은 해방으로서의 자유이다. 아직 그리스도인이 아닌 사람들은, 자유란 다른 주인에게 속하지 않고 스스로 주인이 되는 것이라고 믿겠지만, 실상 그들은 죄의 종이므로 주인이 없는 것이 아니다. 해방된 그리스도인은 더 이상 죄의 노예가 아니다. 그들은 이제 그리스도께 구속된 그리스도의 종이다. 그리스도는 그들을 자유하게 하사 하나님이 창조하신 원래의 모습을 회복하게 하신다. 절제는 우리가 성령의 다스리심을 받을 때 나타나는 성령의 열매다. 성령으로 행하면 육체의 욕심을 이루지 않을 것이다(갈 5:16, 22, 23을 보라). 이것이 자유다!

들어가는 말

나는 수중발사용 제어시스템의 책임연구원으로 일한 적이 있는데, 로켓추진식 어뢰를 다루는 일이었다. 우리의 첫 작품이 막 조립되어 나와서 나는 밤낮으로 이 장비를 점검하고 조작하느라 정신이 없었다. 이 일을 돕기 위해 생산팀의 엔지니어 한 명이 야간조에 편성되었는데, 최대한 좋게 말해서 그는 내게 별 도움이 되지 않았다. 적어도 일주일에 한 번씩은 그의 아내가 전화를 걸어 그가 아파서 결근하겠다는 통고를 해와서, 그에게 아무 일도 맡길 수가 없었다. 야간조가 교대하러 들어올 때쯤이면 나는 이미 하루 일로 녹초가 된 상태였다. 그렇지만 다시 정신을 차려 야간근무를 시작하노라면, 그 친구는 내 뒤에 앉아 해바라기 씨를 까먹으며 시간을 보냈다. 나는 미칠 지경이었다.

어느 날 밤, 지친 마음에 그에게 교회에 가본 적이 있느냐고 물었다. 그는 지금은 교회에 나가지 않지만, 아내와 교회에 나가는 것이 좋겠다는 이야기를 자주 한다고 했다. 그래서 나는 내가 다니는 교회에 오라고 초청했는데, 놀랍게도 그가 우리 교회에 나타났다. 그 다음 주일날 나는 그와 그의 아내와 자녀들을 만났고 그들이 적합한 주일학교 공부반에 들어가도록 도와주었다.

그 주 화요일 아침에 목사님이 전화를 하셨다. "지난주에 형제님이 교회로 인도한 그 가정을 심방했습니다. 그 부부를 그리스도께로 인도했습니다." 순간, 우쭐한 기분이 들었다. "그리고 같이 근무하신다니, 알고 계시는 것이 좋을 것 같아 말씀드립니다. 그는 알코올 중독입니다." 그 말을 듣고 보니 모든 일이 이해되었다. 그가 왜 주기적으로 결근하는지, 왜 해바라기 씨만 까먹으며 앉아 있는지 알 수 있었다.

중독성 행동에서 벗어나지 못하는 사람들과 함께 일하다 보면 몹시 좌절을 느끼게 된다. 그런 사람과 같이 사는 가족의 경우는 더 말할 필요도 없다. 그러나 주위 사람들이 겪는 어려움만큼이나 영원히 이런 중독행동을 극복하지 못할지도 모른다는, 당사자의 절망은 처절하다.

> 재난을 당할 사람이 누구며, 근심하게 될 사람이 누구냐? 다투게 될 사람이 누구며, 탄식할 사람이 누구냐? 까닭도 모를 상처를 입을 사람이 누구며, 눈이 충혈될 사람이 누구냐? 늦게까지 술자리에 남아 있는 사람들, 혼합주만 찾아다니는 사람들이 아니냐!(잠언 23:29-30)

그들은 정신적, 감정적, 육체적으로 악몽 가운데 살고 있다. 어떤 사람들은 극심한 고통을 혼자 감내하며, 자신의 중독증을 감추려고 무진 애를 쓴다. 한편 어떤 사람들은 주변의 모든 사람을 고통과 절망에 빠뜨린다.

중독성 행동을 보이는 사람들은 왜 파멸의 길에 머물러 있는가? 술이 모든 것을 파괴하는 줄 알면서도 왜 계속 술을 목구멍에 들이붓는가? 술은 그 사람의 모든 것을, 특히 가족과 건강과 직업을 해치고 파괴한다. 혈관에 주사바늘을 꽂는 사람들은 그것이 분명 죽음의 길인 줄 알면서도 왜 그만두지 못하는가? 코로 들이마시는 마약이 코의 점막을 망가뜨리고 결국 뇌를 손상할 것을 알면서도, 그것을 끊지 못하는 이유는 무엇인가? 왜 그렇게 많은 사람들이 인터넷의 음란 사이트에 계속 접속하는가?

이 중독자들은 자신의 중독 상태를 즐기는 것일까? 아니다, 전혀 그렇지 않다. 밖에서 보기에는 그렇다 할지라도 실제로는 전혀 그렇지 않다. 중독행동을 하는 사람들은 잠시 동안은 흥분을 즐기지만, 다음날 아침이면 참담함을 느낀다. 그들은 이성적인 판단을 내리지 못하므로, 그들에게 그런 행동이 얼마나 파괴적인지 설명하는 것은 별 도움이 안 된다. 자기 자신을 파괴하려는 의도로 무엇을 결정하는 사람은 없다. 적어도 초기에는 그렇다.

초등학생이나 중학생 아이가 "나는 자라서 알코올 중독자가 될 거예요"라고 말하는 것을 상상할 수 있는가? "좀 더 크면 무조건 많이 먹어서 거대한 뚱보가 되고 싶어요"라거나 "줄담배를 피워서 결국 암에 걸리는 게 꿈이에요"라고 하는 아이는 없다. 섹스, 마약, 술, 담배, 음식 등에 중독된 사람들 모두 한때는 이렇게 생각했었다. '그럴 일은 없을 거야. 나는 언제든 결심만 하면 끊을 수 있거든.'

술이나 마약에 중독되기 쉬운 성향을 가지고 태어나는 사람은 없다. 물론 부모가 중독자인 경우 신체적으로 심각한 장애를 가지고 태어날 수는 있다. 그러나 중독성 행동은 선천적 요인 때문이 아니라 성장과정에서 일련의 결정들을 통해 나타나는 것이다. 〔나는 여기서 '성장과정'이라는 표현을 쓰는 것이 매우 불편한데, 그것은 중독이 인간의 성숙과 성장을 심각하게 저해하기 때문이다.〕 같은 논리로 엔지니어, 의사, 변호사, 목사 들도 그러한 성향을 가지고 태어난 것이 아니다. 그들 역시 일련의 결정들과 그에 따른 수고를 통하여 현재의 삶에 이르게 된 것이다. 그들의 성공은 그들이 자신의 태도와 행동에 대하여 스스로 책임을 지고 살았기 때문에 가능했다.

그렇지만 우리는 섣불리 판단하지 않도록 주의해야 한다. 중독 행동을 하는 사람들이 견뎌야 했던 극한상황에 우리가 놓인다면, 어쩌면 우리도 그들과 같은 결정을 내리고픈 유혹을 받았을 것이다. 우리가 만약 그들과 같은 부모, 가정, 이웃, 환경에서 자랐다면, 지금 그들이 겪는 어려움을 바로 우리가 겪고 있을 수도 있다.

대부분의 중독자들은 과거의 환경으로 그렇게 된 것이며, 지금도 매우 어려운 상황이다. 부모 중 한쪽이 없는 한부모가정의 자녀들은 그렇지 않은 가정의 자녀들에 비해, 성장하여 심각한 정신적 질환을 앓거나 중독성 행동을 보일 확률이 두 배 가량 된다고 한다. 이 연구는 백만 명의 어린이를 대상으로 그들이 20대 중반이 되기까지 10년에 걸쳐 진행된 것으로, 한쪽 부모와 살아온 여자아이들은 자라서 마약 중독자가 되는 비율이 3배 정도 되었으며, 남자아이들은 4배에 달했다.[1] 핵가족화가 빠르게 진행되고 파괴된 가정이 늘어가면서 우리는 거대한 문제에 봉착했다.

알코올 중독자는 어떤 사람들인가? 아래 제시된 답에 놀라지 말라. 알코올 중독에 대한 가장 대표적인 오해는, 중독자들이 주로 3류 시민이며 고등교육을 받지 못한 노동자일 것이라는 추측이다. 전혀 그렇지 않다. 나는 여러 가지 자료를 뒤져 다음과 같은 수치를 찾아냈다. 독자들의 편의를 위해 수치의 소수점 이하 숫자는 정리하여 간단히 했다. 약물 중독자들은 이런 사람들이다.

성별 분포 75% 남자
25% 여자

직업별 분포 45% 전문직 또는 관리직
25% 사무직
30% 노동직

학력별 분포 50% 대학교 재학 또는 졸업자
37% 고등학교 재학 또는 졸업자
14% 기타

우리는 흔히 마약에 찌든 도심의 문제만 보고 외곽지역이나 조용한 주택가의 상황은 간과하기 쉽다. 혹시 미국의 교내 총기난사 사건에서, 문제를 일으킨 아이들이 중산층 혹은 중상류층 가정의 백인 아이들이라는 사실에 놀라지 않았는가? 외모와 능력을 중시하는 우리 문화의 전반적인 분위기 속에서 다이어트와 살빼기 운동의 대유행에도 불구하고, 우리는 점점 더 뚱뚱해지고 더 병약해져 간다. 세계적으로 에이즈는 최악의 불치병으로 알려져 있지만, 가장 예방하기 쉬운 질병이기도 하다. 무분별한 섹스와 마약을 끊기만 하면 된다. 그런데도 우리는 유혹을 거부할 수가 없을까? 정부까지 나서서 캠페인을 벌이고 있지만 그들은 여전히 유혹 앞에서 무력하다.

언젠가 신문에서, 정부 교육부처의 위임을 받아 학생들에게 "안전한 성관계"라는 주제로 강의를 하게 된 한 여성에 관한 기사를 읽었다. 정부 관리들은 학생들이 성적 접촉으로 감염되는 질병의 위험을 알기만 하면 그들이 올바로 처신할 것이라고 생각했다. 그런데 이 엄청난 과업을 맡은 그 여인 자신은 체중 조절에 실패하고 있었다. 그는 영양학과 살빼기 운동과 다이어트에 관한 책을 닥치는 대로 읽어서, 아마 체중 조절에 대해서도 강의를 할 수 있을 정도의 지식을 갖추고 있었지만, 내일 중요한 강의를 앞에 두고 고민하면서 두 번째 파이 한 조각을 포기하는 능력은 없었다. 놀라운 교훈이다. 그 여인은 바로 자신의 경험을 통해, 사람들에게 그들의 행동이 잘못되었다고 알려준다고 해서 그들이 그 행동을 그만둘 능력이 생기는 것은 아니라는 사실을 깨달았다. 어른인 그에게도 이런 접근방식이 아무 효과가 없었는데, 어떻게 아이들에게 지식을 가르치는 것으로 효과를 기대하겠는가?

법과 규정을 만드는 것은 효과가 없다. 지금도 그렇고, 앞으로도 그럴 것이 분명하다. 왜냐하면 그것이 대부분의 식이요법과 재활 프로그램이 효력이 없는 첫째 이유이기 때문이다. 그런 것들은 대부분 원칙에 근거한 것이다. 참가자들은 어떤 것을 그만두어야 하고, 다른 어떤 것을 새로 시작해야 한다. 어떤 프로그램들은 이런 규칙을 절반으로 줄이고, 절제하는 것을 그 목표로 삼는다. 참가자들이 자신의 중독행동을 끊을 수 있다고 해도, 그 결과 그들은 이전보다 더 비참한 인생을 살아갈 뿐이다. 그들이 괴로운 인생의 무게를 감당하기 위해 사용했던 유일한 도구를 빼앗겼기 때문이다. 그러나 여전히 과거의 상처는 기세 좋게 살아서 간절한 욕구를 충동하고 정상적인 성장을 방해한다. 그들은 아직, 인생의 문제를 해결하고 고통을 다루는 건강한 방법을 배우지 못한 것이다.

세속 프로그램은 위험한 행동에 초점을 맞추려는 경향이 있다. 프로그램에 참가한 사람들은 스스로 실패자라고 느끼며 자신의 중독행동을 없애는 데만 집중한다. 그러나 사람들은 그냥 성 중독이 되고 마약을 하고 과식을 하는 것이 아니라, 그 이면에 삶의 문제를 안고 있는 것이다. 어떤 프로그램은 이런 맹점을 인정하고 재활과정에 가족을 포함시키기도 하지만, 그것으로는 아직 부족하다. 과학적인 재활 프로그램에 따라 당사자와 온 가족이 치료과정을 밟아나간다 해도, 세상의 프로그램은 온전한 치유와 진정한 자유를 주지 못한다. 성경은 행위 중심의 삶, 또는 율법주의에 대해 이렇게 가르친다. "율법조문은 죽이는 것이요 영은 살리는 것이라. 주는 영이시니 주의 영이 계신 곳에는 자유가 있느니라"(고후 3:6, 17).

그러나 기쁜 소식은, 사람들이 과거에서 해방될 수 있는 길이 있다는 것이다. 이제 사람들은 그리스도 안에서 새로운 피조물이 되어, 모든 간절한 필요를 예수 안에서 채움받을 수 있다. 이것이 복음의 메시지로, 용서하시고 사랑하시는 하나님이 가능케 하신 것이다. 이것을 충분히 이해하고 받아들인다면 사람들은 성령을 따라 행하고 육체의 욕심을 따르지 않게 될 것이다(갈 5:16을 보라). 성령의 열매는 사랑과 희락과 화평과 오래 참음과 자비와 양선과 충성과 온유와 절제며, 육신의 열매는 혐오(특히 자기 자신에 대한)와 우울, 두려움과 불안, 참을성 없음, 그리고 불성실이다.

이 책의 목적은 그리스도 안에서 살아 있고 자유함을 얻는 것이 어떻게 습관적인 죄를 극복하는 데 해답이 되며, 하나님의 말씀의 진리가 어떻게 우리를 자유하게 하는지를 보여주려는 것이다. 먼저 중독성 행동이 **어떻게** 형성되는지를 살펴보는 것으로 시작하려고 한다. 그런 행동을 **왜** 하는지를 간단히 설명하라면, 이는 자기 파괴적인 행동을 계속하겠다는 변명에 불과한 것이다. 자신이 왜 술을 마시는지를 설명하고 나면 상대방은 "그렇겠군요. 같이 한 잔 할래요?"라고 말할 수밖에 없다. 나는 중독에 임시방편으로 대처하는 일을 도울 생각은 없다. 죄의 멍에를 벗고 자유를 누리게 하는 것이 목표이며, 여기에는 그리스도 안에서 우리의 새로운 신분과 정체성을 아는 것이 반드시 필요하다. 변화하려면 우리 마음을 새롭게 해야 한다. 그래서 우리는 이제부터 우리 마음 속에서 진행되는 전쟁에 대하여 연구해 보고, 하나님을 아는 지식을 대적하여 높아진, 우리 마음의 견고한 요새를 어떻게 파괴할 것인지를 배우려 한다(고후 10:5을 보라).

여러 가지 중독증을 다루겠지만, 그것들을 극복하는 신학은 동일하다. 기쁜 소식은 이제 더 이상 과거의 죄의 멍에를 지고 살 필요가 없다는 것이다. 우리 과거를 해결할 수 있는 사람은 아무도 없으나 하나님의 은혜로 우리는 누구나 과거의 사슬에서 자유할 수 있다. 예수님은 우리에게 하루하루 대처하는 기술을 가르치려고 오신 것이 아니다. 그는 우리에게 생명을 주고, 우리를 그의 안에서 새로운 피조물로 만드시려고 오셨다. 이것이 우리로 의로운 삶을 살 수 있게 해준다. 그러나 의로운 삶은 율법을 지킴으로써나 프로그램에 참여함으로써 가능케 되는 것이 아니다. 자유를 얻은 그리스도인은 성령의 능력 안에서 하나님이 말씀하신 진리에 따라 믿음으로 사는 것이다.

기도하기는, 성령께서 우리를 인도하여 모든 진리 가운데로 인도하시고, 그 진리가 우리를 자유하게 하여 하나님이 우리를 부르신 그 모습을 회복하는 것이다. 1장으로 넘어가기 전에 격려가 될 만한 간증 하나를 나누고 싶다.

저는 누가 봐도 완벽하다고 할 만한 가정환경에서 자랐습니다. 부모님은 두 분 다 교회에 열심히 다니는 그리스도인이셨습니다. 사춘기가 되자, 저도 다른 아이들처럼 성에 눈을 뜨게 되었습니다. 부모님은 성의 자세한 부분에 대해서는 말씀을 안 하셔서, 제가 배운 것들은 거의 친구들에게서 들었거나, 집에 있던 한 권의 책에서 얻은 것입니다. 그 책에서 자위하는 것을 배웠고 얼마 지나지 않아 나는 그 습관의 종이 되었습니다. 나는 나 혼자만의 세계에 들어가 있었습니다. 겉으로 보기에 저는 그리스도인이었고, 주일학교 학생이었고, 캠프에서는 상담자였고, '완벽한 가정' 의 아이였습니다. 그러나 안으로는 완전히 포르노와 음란한 생각에 매여 있었습니다.

저는 기독교 대학에 진학했고, 거기서도 나쁜 습관을 더 익혔습니다. 저는 음란물을 파는 서점들을 알고 있었습니다. 저는 아름다운 그리스도인 자매를 만나 결혼을 해서 '완벽한 부부' 로 알려졌습니다. 그러나 저는 여전히 아내가 알지 못하는 나만의 세계에 살고 있었습니다. 업무 차 여행을 자주 했기 때문에 더 이 세계에 빠져들었고, 점점 더 벼랑(간음)으로 다가가고 있었습니다. 저는 음란물을 슬금슬금 즐기면서, '큰 일' 을 저지르지만 않으면 괜찮다고 생각했습니다. 하지만 물론 결국 일을 저질렀고, 그런 일은 계속 계속 일어났습니다. 잘못된 일인 줄은 알았지만 멈출 수가 없었습니다. 죄책감을 느꼈고 후회도 했으나, 진정한 회개는 아니었습니다.

결국, 하나님의 간섭하심으로 제 아내가 저의 성 중독증을 알게 되었습니다. 저는 아내에게, 그리고 하나님께 제가 섹스와 포르노에 노예가 된 것을 고백했습니다. 저는 하나님 앞에 무릎을 꿇고 제 죄를 회개했습니다. 그 때 저는 처음으로, 하늘 아버지의 사랑과 은혜를 진정으로 느꼈습니다.

귀 단체의 여러 책을 통해 그리스도 안에 있는 자유를 발견할 수 있었습니다. 이런 자유는 생전 처음 느끼는 것입니다! 저는 그리스도 안에서 진실로 살아 있습니다. 더 이상 멍에는 없습니다. 더 이상 죄의 노예가 아닙니다.[2]

《주》 1. "Broken Homes Contribute to Substance Abuse," Arizona Republic, January 24, 2003, sec. A, p. 11.
2. 〈그리스도 안의 자유〉 사역의 닐 앤더슨에게 보내온 익명의 편지.

01 왜 이렇게 행동하는가?

| Why Do We Do It? |

> 죄는 금지된 것이어서 해로운 것이 아니라, 해롭기 때문에 금지된 것이다.
> 아서 H. 엘프스트랜드

> 모든 사람의 삶에는 어떠한 심리적, 사회적 환경이 나타나며 이러한 환경은 그의 결정에 영향을 미친다. 그러나 우리는, 모든 죄를 이런 환경의 영향으로 설명하려는 현대적 죄 개념을 확고히 거부해야 한다.
> 프랜시스 쉐퍼

내가 가르치는 신학교 학생 하나가 연구실로 나를 찾아왔다. 조용히 문을 닫은 그가 천천히 입을 뗐다. "학교를 그만두려고 합니다." 그는 내 앞에 서서 계속 불안한 모습으로 바닥만 내려다보며 내 반응을 기다렸다. 신학교라고 누구나 다 졸업하는 것은 아니므로 이런 일이 아주 없는 것은 아니었다. 그는 훌륭한 학생이었으나 수업을 자주 빼먹는 경향이 있었다.

"왜 중간에 학교를 그만두려고 하나?" 내가 물었다.

그는 점점 더 안절부절하더니 드디어 입을 열었다. "저는 알코올 중독인 것 같습니다."

"그런데, 학업을 포기하는 이유가 무엇인가?" 내가 이렇게 묻자 그는 약간 놀라는 기색이었다. 중독행동으로 힘들어하는 대부분의 그리스도인은 그들의 정체가 공동체 가운데서 발각되는 것을 두려워하며, 일단 발각되면 날벼락이 떨어질 것이라고 생각한다. 그 학생과 나는 그날 오후 오래도록 이야기를 나누었고, 그의 재활을 위한 계획에 대해서도 논의했다. 다행히도 그는 내가 아는 훌륭한 목사님을 모시고 있어서, 그가 중독증을 극복할 수 있도록 우리와 함께 노력해 주실 것이었다.

신학교 교수로 참석했던 많은 졸업식 중에서도, 그로부터 2년 뒤 그 학생이 맑은 정신으로 단상에 올라와 졸업장을 받아들던 그 졸업식은 더 의미가 깊었다. 신학생이 알코올 중독에 빠지는 것은 물론 일반적인 경우는 아니다. 하지만, 우리 교회 공동체나 여러 기독교 사역의 현장에서 이런 저런 중독 증세를 발견하는 것은 흔한 일이다.

미국에만 약 2천만 명의 알코올 중독자가 있다. 이 가운데 25%는 십대라고 한다. 그리고 소위 사교 목적으로 술을 마신다는 사람들 가운데서 10명 중 1명은 중독자이다. 또한 사교 목적으로 술을 마시는 사람들 가운데 3명 중 1명은 교회에 출석하는 사람이다. 그리스도인들은 자신의 음주 사실을 비밀로 하려는 경향이 더 강하고, 그런 이유로 이들은 신앙생활과 재활에 더 어려움을 겪는다.

그러나 더욱 흔한 경우는 성 중독이다. 내가 조사한 바에 따르면, 정평이 나 있는 복음주의 신학교의 학생 가운데 60%가 성생활에 죄의식을 느낀다고 한다.

카지노, 도박, 그리고 정부에서 운영하는 복권 등이 확산되면서, 이제는 술보다 도박에 중독된 사람이 더 많아졌다. 그런가 하면 많은 복음주의 교회에서는 도박이나 음주를 금하고 있으므로(적어도 도수가 높은 술은 안 된다), 우리는 다른 방식으로 스트레스를 해소한다. 우리는 음식을 먹으면서(그런데 너무 많이 먹는다) 그것을 교제라고 부른다. 우리 염려를 냉장고에 맡겨버리는 것은 결과적으로는 건강한 방법이 아니다(이런 비유를 용서 바란다).

왜 사람들은(믿는 사람들조차도) 이런 파괴적인 행동을 하는가?

파티를 즐기며 염려를 잊기 위해

내가 엔지니어 공부를 할 때, 한번은 우리 부부가 공군 대위 부부와 저녁을 같이하게 되었다. 대위의 부인은 술이 독하지 않다고 불평을 했다. "술맛이 밍밍해요." 그 부인은 무언가로부터 벗어나기 위하여 독한 술이 필요했다. 자신의 양심을 무디게 하고 자신의 문제와 책임을 내려놓지 않고는 재미있게 지낼 수가 없었던 것이다. 대부분은 꼭 취하려고 술을 마시는 것이 아니고, 어떤 사람들은 마실 양을 미리 정하는 등 술을 조절한다. 그러나 어떤 이들은 언제 그만 마셔야 하는지도 모르는 것 같고, 어쩌면 고의로 취하려고 하는 것 같다.

동류집단의 압력 상황

약물 중독자들 가운데는 또래 친구들의 권유에 못 이겨 시작했다가, 습관으로 굳어진 경우가 있다. 언젠가 나는 독신부모들의 모임에 초청을 받아 간 일이 있다. 그날은 금요일이었는데 양육에 관한 내 강의는 춤추고 노래하는 즐거운 시간들 사이에 끼어 있었다. 그날 모임에서 나와 내 아내는 한 독신 어머니를 만났는데 그는 한 손에는 담배를, 다른 손에는 술잔을 들고 있었다. 함께 이야기를 하는 동안, 담배는 혼자 타들어갔고, 얼음은 술 속에서 녹아들고 있었다. 이 여인은 다른 모임에서는 술도 담배도 하지 않는다고 했다. 그런데 왜 오늘은 술 담배를 하는가? 주위의 압력 때문이다! 여기서는 그렇게 하는 것이 사교적인 행동이었다. 상황에 따라 다른 모든 사람들과 똑같이 행동하지 않으면 유별나게 눈에 거슬리는 모임이 있다.

이제는 담배를 강요하는 분위기란 거의 찾아볼 수 없지만, 술은 그런 강압적인 분위기를 연출한다. 왜 사람들은 다른 상황에서는 하지 않을 일을 어떤 모임에 가서는 하는가? 아마도 그것은 우리가 모두 다른 사람에게 받아들여지고 모임에 소속되기를 원하기 때문인 것 같다.

사업을 하는 그리스도인들은 난감한 상황에 자주 처하게 된다. 머릿속에서는 이런 갈등이 치열하게 벌어진다. '나는 정말로 술 마시는 것에 관심이 없어. 그러나 이 사업을 성사시키려면 식사 접대를 해야 하고, 칵테일파티에도 가야 해. 그들이 하는 대로 하지 않으면 아마 내가 그들과 일할 생각이 없는 모양이라고 생각할 텐데. 지금은 도덕기준 운운할 때가 아니야. 그들이 술 마시는 걸 내가 무시하고 앉아 있으면 그들은 엄청나게 화를 낼 테고, 그러면

사업은 끝장이야.'

회사에서 유능하다고 인정받은 어떤 임원은 회사 신용카드로 액수에 상관없이 무슨 짓이든, 심지어 '마사지' 까지도 할 수 있다는 말을 내게 했다. 이 회사가 용도에 대해 아무것도 묻지 않고 돈을 쓰게 하면서 이렇게 악을 조장하는 데는 깊은 뜻이 있다. 분명, 이 사람과 이런 부류의 사람들은 유혹을 받는다. '누가 알겠어? 회사는 내가 이렇게 개인 용도로 쓸 것을 다 알면서도 허락하는 거야. 나는 열심히 일했으니 이 정도 재미는 봐도 괜찮아. 다른 사람들도 모두 그러잖아?'

우리가 어떻게 분위기의 압력을 이겨내고 방종에의 유혹을 떨쳐내느냐 하는 것은 우리 자신이 얼마나 안전감을 느끼고 우리의 기본적 욕구가 얼마나 충족되느냐에 달린 것이다. 젊은이들이 술을 마시고 마약에 손을 대고 성적인 면에서 타협하게 되는 데는 아마도 이런 이유가 가장 클 것이다. 아무도 무리에서 떨어져 나온 이상한 사람이 되려고는 하지 않는다. 이런 얼간이! 왜 파티의 흥을 깨는 거야! 이런 소리를 듣고 싶어하는 사람은 없다. 젊은이들 가운데 혼자 설 수 있을 만큼 충분히 견고한 정체성을 확립하고 있는 사람은 거의 없다. 동류집단의 압력에 대항하여 따로 서는 것은, 내가 다른 집단에서 받아들여지고 소속감을 느낄 수 있다면 좀 더 가능하다.

나의 정당한 필요(인정받고 소속되고자 하는 욕구)가 충족되지 않을 때 우리는 더욱 유혹 앞에서 무력하다. 그렇다면 문제는 이것이다. 나의 정당한 욕구는 그리스도 안에서 충족될 것인가? 그는 그의 영광 가운데 그 풍성한 대로 우리 모든 쓸 것(필요)을 채우리라고 약속하셨다(빌 4:19를 보라). 아니면 유혹에 굴복하고, 우리의 욕구를 채우기 위하여 세상과 육신과 마귀가 끊임없이 불어넣는 허황된 노력들로 돌아갈 것인가? 바울은 이렇게 타이른다. "우리의 교우들도, 절실히 필요한 것을 마련하여 줄 수 있도록, 좋은 일을 하는 데에 전념하는 것을 배워야 합니다. 그래야 그들은 열매를 맺지 못하는 사람이 되지 않을 것입니다"(딛 3:14, 새번역).

생전 처음 빨아들이는 담배연기, 처음 들이키는 맥주 한 잔, 또는 혀끝을 쏘는 독주 맛이 좋은 경우는 그리 흔치 않다. 그렇다면 어째서 사람들은 본래의 취향에도 맞지 않고 자기 몸도 거부하는 것을 배우려는 것일까? 대부분은 동류집단에 수용되고자 하는 내면의 욕구를 충족시키기 위해서이다. 그들은 소속되기를 원한다. 사람들은 자기의 신념과 타협하려는 경향이 있으며, 어린이들은 친구나 또래 무리에게 용납되기 위하여 부모의 경고를 무시하기도 한다. 그들은 홀로 외로이 있기를 원치 않는다.

반항 게임

어떤 사람들은 권위에 대한 반항을 나타내려고 행동을 한다. 그들은 혼자 술을 마시면서 사람들이 호락호락 자기를 마음대로 할 수 없다는 시위를 하고, 일부러 공격적인 무리 가운데 끼기로 결정한다. 이런 젊은이들은 대개 역기능 가정이나 율법주의적 종교 환경에서 자란 이들이다. 인간관계가 배제된 규율은 반항을 낳는다. 반항의 첫 경험 역시 매우 불쾌하지만, 그들은 부모나 권위를 가진 다른 사람의 사랑과 용납 따위는 필요 없음을 보여주기 위해 계속 반항한다. 그들의 그런 생각과 달리, 사실 그들은 사랑과 용납이 절실히 필요하다. 그들은 사랑과 지지가 없는 한, 부모님이 바라는 대로 살거나 엄격한 기준들을 받아들이지 않을 것이다.

무조건적인 사랑이나 용납으로 아이의 반항적인 태도를 고쳐보려는 시도는 처음에는 종종 거부당한다. 아이는 부모나 권위를 가진 어른들의 사랑이 진짜인지를 시험하는 것이다. 아이는 어른들이 자기들의 위신이나 보호하기 위해 자신을 길들이려는 것은 아닌지 확인하기를 원한다. **아이의 태도를 바꾸려는 내 동기가 순수하다면, 나의 신념을 타협하지 말고 아이를 더 온전히 사랑하라.**

절박한 도피처

'일이 과중하여 견딜 수 없다. 아무도 나를 이해해 주지 않아. 우리 사장은 터무니없는 고집불통이라고! 오늘은 판매를 한 건도 성사시키지 못했는데, 내가 처리해야 할 계약서는 잔뜩 쌓여 있군. 이것들만 어떻게 해결하면 일의 성과가 있을 텐데, 또 한 뭉치 떨궈놓고 갈 뿐이지. 다음은 내 차례일까? 집에 가는 길에 친구들과 한 잔 해야겠어. 일에 대한 중압감에서 벗어나 좀 쉴 수 있을 거야. 딱 한 잔만 하는 거야. 뭐, 두 잔도 좋고. 헤어지기 전에 마지막으로 한 잔 하는 것도 나쁘지 않지.'

사람들은 이런저런 삶의 압박에서 벗어나려고 술을 마시거나 마약을 의지한다. 즐거운 시간이란 달랑 그런 것이다. 사실 우리는 누구나 삶의 압박을 느끼고 있다. 여기서 도피하거나 책임을 회피하는 것은 문제를 더욱 악화시킬 뿐이다. 바울은 이렇게 기록했다.

그뿐만 아니라, 우리는 환난을 자랑합니다. 우리가 알기로, 환난은 인내력을 낳고, 인내력은 단련된 인격을 낳고, 단련된 인격은 희망을 낳는 줄 알고 있기 때문입니다. 이 희망은 우리를 실망시키지 않습니다. 하나님께서 우리에게 주신 성령을 통하여 그의 사랑을 우리 마음 속에 부어 주셨기 때문입니다(롬 5:3-5).

일시적인 해방감을 누리려고 술이나 마약이나 섹스 등 다른 탈출구를 찾는 것은 중압감을 더욱 키울 뿐이다. 이와는 대조적으로 우리의 희망은, 우리 감각을 마비시키는 것이 아니라 항구적인 해답을 제공하는 단련된 인격에 있다. 바울은 또한 이렇게 썼다.

내가 궁핍해서 이렇게 말하는 것이 아닙니다. 나는 어떤 처지에서도 스스로 만족하는 법을 배웠습니다. 나는 비천하게 살 줄도 알고, 풍족하게 살 줄도 압니다. 배부르거나, 굶주리거나, 풍족하거나, 궁핍하거나, 그 어떤 경우에도 적응할 수 있는 비결을 배웠습니다. 나에게 능력을 주시는 분 안에서, 나는 모든 것을 할 수 있습니다(빌 4:11-13).

생존수단

우리는 어떤 환경에서든지 하나님의 은혜로 사는 법을 배울 수 있다. 불행하게도 어떤 사람들은, 살아남기 위해서는 환경을 바꾸도록 노력해야만 희망이 있다고 믿는다. 그 결과 그들은 소유하고 조종하는 사람이 되며, 그 주위 사람들은 공동의존codependent 관계를 보인다. 그러나 아주 능란한 사람이라도 삶의 모든 상황을 세세히 통제할 수는 없으므로 그들은 자신의 고통을 없애기 위하여 술이나 다른 감감제desensitizer를 사용하게 된다. 이들은 분노와 적의에 찬 사람들이다.

또 다른 부류의 사람들은 환경에 압도당하여 완전히 속수무책이 되어버린다. 그들은 술이나 마약이나 섹스에 빠져 슬픔을 잊으려 한다. 그들은 삶의 압박을 어떻게 대처해야 하는지 배운 적이 없다. 매사를 통제하려는 사람이나 매사에 달아나려는 사람이나, 삶의 시련과 환난을 통과하면서 성장하는 법을 배우지 못하기는 마찬가지다. 이것이 중독의 가장 큰 비극이다. 인격의 성장이나 정서적 발달이 멈추어 버린 것이다.

신약성경은, 그리스도께서 우리를 돌보시고 우리에게 가장 유익한 것을 계획하고 계시니 모든 염려를 그리스도께 맡겨 버리라고 가르친다(벧전 5:7을 보라). 마약을 파는 자들이나 술집 주인들은 고객의 유익을 생각하지 않는다. 그들로서는 술이나 마약이 많이 소비될수록 더 좋은 것이므로, 중독증을 퍼뜨리는 것이 그들의 사업이다.

더욱 안타까운 것은, 술이나 마약으로 얻는 쉼은 정말 일시적이라는 것이다. 약효가 가시면 중독자는 다시 전과 똑같은 세계로 돌아가서, 전과 똑같은 책임을 갖고 살아야 하는데, 술과 마약으로 위안을 얻고 돌아오면 사정은 더욱 악화될 뿐이다.

The Bar

술집을 사람들은 'bar'라고 한다.
아니, 그보다 훨씬 더 깊은 의미가 있다.
그것은 천국 길을 가로막는 빗장bar이요,
지옥으로 통하는 문door이다.
누가 이름을 지었는지 아주 잘 지었다.
대장부의 길을 막고, 재물의 길을 막는 장애물bar이요,
병약과 빈곤으로 인도하는 문이다.
명예와 존귀와 자신감의 길을 막는 장애물이요,
비탄과 죄와 수치의 길로 인도하는 문이다.
소망과 기도의 길을 막고
어둠과 좌절의 문으로 인도한다.
명예롭고 유익한 삶의 길을 막고
소리 지르고 싸우는 무감각의 문으로 인도한다.
진실되고 용감한 모든 길을 막고
술주정뱅이의 무덤으로 인도한다.
가정이 주는 모든 기쁨을 막고
눈물과 찢어진 가슴으로 인도한다.
천국 문의 빗장이요, 지옥의 문이다.
누가 이름을 지었는지 아주 잘 지었다.[1]

고통을 멎게 하기 위해

심한 치통이 닥치면, 오직 이 통증을 없애는 것만 생각하게 된다. 정치도, 가정도, 세계복음화도 생각할 수가 없다. 오직 한 가지 바람만 있다. 제발 이 통증이 멎었으면! 사람들이 술이나 약물을 찾는 또 다른 이유는 이것이다.

선량한 많은 사람들이 처방된 약에 중독될 정도로 의존하는 이유는 고통을 견딜 수 없기 때문이다. 지각 있는 의사라면 환자가 약물에 중독될 처방을 계속 하지 않지만, 일부 환자들은 무슨 수를 써서라도 약을 구한다. 그들은 서너 명의 의사에게 처방전을 받아 각각 다른 약국에서 약을 구입하는 식으로 법망을 피한다. 어떤 사람들은 처방받은 약을 술에 섞기도 한다. 그 외에도 인터넷으로 마약을 구매하는 등, 사회가 정해 놓은 안전장치를 빠져나가는 길은 다양하다.

나는 부상이나 병으로 극심한 고통에 시달리는 사람들에게 연민의 정을 느낀다. 그러나 고통이 우리의 적은 아니다. 폴 브랜드 박사와 필립 얀시는 놀라운 책 《고통이라는 선물Pain : The Gift Nobody Wants》(두란노 역간)을 공저했는데, 그 책에서 물리적인 고통은 하나님의 선물임을 올바로 지적해냈다. 만약 우리가 고통을 느끼지 못한다면 우리 몸은 온통 상처로 뒤덮일 것이다. 그렇다고 모든 진통제를 내다버리라는 말은 아니다. 때때로 진통제는 필요하다. 문제는 우리 사회가 약에 과도하게 의존한다는 것이다. 이제 우리는 사소한 통증도 참아내지 못하고 즉각, 무슨 수를 써서라도 없애려 한다. 이런 류의 사고방식은 우리 각 개인과 이 사회를 파괴할 잠재력을 갖고 있다. 우리는 어느 정도의 통증을 견디고 사는 법을 배워야 한다. 이것은 성장에 필수적이다.

우리가 몸으로 느끼는 물리적인 고통은 평생 지속되는 최악의 고통은 아니다. 실패, 거절, 사랑하는 사람을 잃는 경험 등의 감정적인 상처도 그에 못지 않게 고통스럽다. 몇 년 전에 상담한 한 부부의 이야기는 그런 상처가 얼마나 깊을 수 있는지를 잘 보여주었다. 그 남편은 정말 어찌할 수 없는 거친 사람이었다. 직장에서도 오래 견디지 못했고, 결혼생활도 파탄지경이었다. 그는 언제나 축 늘어져 있었고 그러면서도 모든 사람을 무시했다. 그의 주장에 따르면 그의 직장 상사도, 아내도, 교회 목사조차도 모두 엉망이고 그 혼자만 제대로였다. 우리는 어느 정도 관계가 형성된 것 같았으나 그는 결국 내게 전화하는 일을 그만두었다.

그를 마지막으로 본 지 몇 달이 지난 후, 밤늦게 전화벨이 울렸다. 놀랍게도, 그가 막 감옥에서 나왔다며 전화를 한 것이었다. 나는 그가 감옥에 간 것도 몰랐다. 그의 아내는 이미 그를 떠났고, 가족은 아무도 그와 상관하기를 원치 않았으므로, 그가 처음으로 전화를 건 사람은 나였다. "이렇게 마약을 끊은 것은 10년 만에 처음입니다." 그가 이렇게 말했을 때 나는 깜짝 놀랐다. 나는 그가 마약을 하는지도 몰랐기 때문이다. 사실 그는 직장에서 몰래 마약을 팔아 자신의 이 나쁜 습관을 키워왔던 것이다. 나에게 전화한 것으로 보아 그는 이전보다 마음이 더 열린 것 같았다. "계속하면 아내도 잃고, 직장도 잃고, 교회도 못 다닐 줄 알면서 왜 그 짓을 그만두지 않았습니까?" 그는 이렇게 대답했다. "약물로 고조된 상태가 아니면 제 자신을 전혀 받아들일 수가 없었거든요."

진짜 문제를 파악하라

사람들이 술과 마약을 선택하게 된 이유가 무엇이었든지 그들은 모두 다음 세 가지 중에서 적어도 두 가지 원인을 공유하고 있다. 첫째, 그들의 기본욕구가 정당한 방법으로 충족되지 못했다. 둘째, 그들은 삶의 다양한 문제에 제대로 대처하는 법을 배우지 못했다. 셋째, 그들은 자신의 개인적인 갈등과 영적인 갈등의 문제를 책임 있는 방식으로 해결하지 못하는 것 같다.

약물 중독으로는 인간의 욕구를 채울 수 없으며, 갈등을 해결하거나 처리할 수 있도록 돕지도 못한다. 오직 상황을 악화시킬 뿐이다. 이 세상에 중독되려고 계획하는 사람도 없고, 중독되었다고 좋아할 사람도 없다. 누구나, 자기가 중독자가 되는 일은 절대 없다고 확신한다.

〈연구〉
1. 어떤 파괴적인 행동 때문에 고민해 본 일이 있는가?
2. 특정 집단 속에 동화되기 위하여 자신의 행동을 바꾸려고 노력한 일이 있는가? 그 결과는 무엇이었는가?
3. 어떤 사람, 어떤 집단, 어떤 활동에 가장 소속감을 느끼는가? 동류집단의 압력 상황에서 이것이 어떻게 도움이 되거나 해가 되는가?
4. 삶에서 고통을 당할 때, 그 고통을 진정시키기 위해 사용하는 임시 처방은 무엇인가?

〈주〉
1. 작자 미상.

02　중독에 이르는 길

| The Path to Addiction |

인류를 괴롭히는 가장 무서운 고통은 술로부터 온다. 술은 질병, 싸움, 유혹, 게으름, 직무태만 그리고 모든 가정불화의 근원이다.

프랑소아 페넬롱

습관은 밧줄과 같은 것이다. 우리는 습관이란 밧줄에 매일 새로운 실을 꼬아 더해 넣는다. 그리고 이처럼 짜인 밧줄은 절대로 끊어지지 않는다.

호레이스 만

이스라엘의 왕 다윗과 헷 족속 우리야의 아내 밧세바 사이의 사련 邪戀은 타락의 단계를 잘 보여주고 있다. 다윗은 하나님의 마음에 합한 자(행 13:22을 보라)라고 불렸으나, 그 삶에 오점을 하나 남겼다. 열왕기상 15장 5절은 그의 삶을 이렇게 요약하고 있다.

다윗은 주님께서 보시기에 올바르게 살았고, 헷 사람 우리야의 사건 말고는, 그 생애 동안에 주님의 명령을 어긴 일이 없었다.

타락의 단계

다윗이 도덕적으로 어떻게 타락해 갔으며(삼하 11장을 보라), 그리고 그의 아들 암논이 어떻게 타락했는지(삼하 13장을 보라) 살펴보자.

악의 없는 '이끌림'

다윗과 암논의 경우에서 보듯이 첫 단계는 그냥 자연스런 욕구로 시작된다. 이성에게 끌리는 것은 아주 자연스런 일이다. 하나님이 우리를 그렇게 지으셨다. 이런 자연스러운 충동은 우리의 즐거움을 위한 것으로, 우리가 도덕적 경계선을 넘지 않는 한 아무런 문제가 없다. 다윗이 보니 밧세바는 "심히 아름다워"(삼하 11:2) 보였다. 이것으로 끝났다면 아무 일도 없었을 것이다. "오직 각 사람이 시험을 받는 것은 자기 욕심에 끌려 미혹됨이니 욕심이 잉태한즉 죄를 낳고 죄가 장성한즉 사망을 낳느니라"(약 1:14-15).

정신적 강박증

자연스런 끌림이 정신적인 강박증으로 바뀌면 우리는 경계선을 넘어 두 번째 단계에 이른 것이다. 암논은 누이 다말을 향하여 강박적인 사랑(이 사랑의 실체는 다름아닌 정욕이다)에 빠졌다(삼하 13:1을 보라). "그는 처녀이므로 어찌할 수 없는 줄을 알고 암논이 그의 누이 다말 때문에 울화로 말미암아 병이 되니라"(2절). 우리가 유혹을 당할 때 하나님은 피할 길을 내 주신다. 이 길에 들어서기 위해서는 유혹을 감지하는 순간 우리 마음에서 일어나는 전쟁에서 이겨야 한다. 그렇지 않으면 우리는 강박증에 사로잡히고 정욕에 떨어진다.

정욕의 표출

일단 음욕을 품으면, 그 감정은 발산되려고 한다. 이제 세 번째 단계는 피할 수 없다. 누구든지 이 단계에 도달한 사람은 자신의 욕망을 만족시키기 위한 계획을 이미 마음에 갖고 있다. 중독행동으로 갈등하는 그리스도인은 거짓말을 하여 자기 행위를 감추려고 하며, 이 과정에서 이성은 사라진다. 다윗은 밧세바와 동침을 했고 밧세바는 아이를 가졌다. 자기 죄를 감추기 위해 다윗은 그 남편 우리야를 전쟁에서 불러들여 집에 보냈다. 다윗은 이들 부부가 잠자리를 같이하여 아이를 잉태한 것으로 사건을 꾸미려 했지만, 우리야는 전쟁 중에 있는 다른 군사들을 생각하여 특권을 누리려 하지 않았다. 다윗은 첫 계획이 실패로 돌아가자 이번에는 우리야를 위험한 전선에 투입하여 전사하게 했다. 암논 역시 부당한 방법으로 누이를 끌어들여 겁탈해 버렸다. 누이는 이런저런 방법으로 이성에 호소해 보려 했으나 암논은 듣지 않았다.

혐오

잘못을 저지른 사람이 자신을 제어하던 그것을 증오하게 되는 것이 타락의 마지막이다. "그리하고 암논이 그를 심히 미워하니 이제 미워하는 미움이 전에 사랑하던 사랑보다 더한지라 암논이 그에게 이르되 일어나 가라 하니"(삼하 13:15).

독주를 다 들이켜 빈 병이 되면, 알코올 중독자는 스스로 혐오

감에 치를 떨며 병을 벽에다 집어던진다. 성 중독자는 계속 새로운 음란물을 찾아 몰입해 있다가 만족을 얻은 후에는 그것을 찢어 버리고, 다시는 보지 않겠노라고 맹세하지만, 하루가 지나면 끝이다. 이제 마귀는 미혹하던 자리에서 고소하는 자리로 옮긴다. 그리고는 속삭인다. "야 이 병신아, 언제나 이 짓을 그만두겠니? 그러고도 어떻게 스스로 그리스도인이라고 하니?" 그는 죄를 짓고 자백하고, 죄를 짓고 자백하고, 또 죄를 짓는 타락의 순환고리 안에 있다.

중독으로 내려가는 나선형 계단

사람마다 중독에 이르는 길은 각기 다를 수 있으나, 내려가는 나선형 계단의 순환만큼은 이상하게도 공통적이다. 그림1은 알코올 중독자의 공통적인 순환주기를 잘 보여주고 있다.

기준선

사람들이 처음 술을 마시고, 도박을 하고, 마약을 하거나 잘못된 성관계에 빠져들 때, 그들은 정신적, 정서적 한계선과 대인관계에 대한 일정한 기준선baseline을 의식하고 있다. 파티에서 그들은 단지 좋은 시간을 보내고 함께 여흥을 즐기려는 것뿐이다. 처음의 술 한 잔, 담배 한 모금, 마약 흡입, 성적 자극 등은 즉시 화학적인 반응을 일으킨다. 그들은 흥분한다. 술이나 마약은 가속기를 밟는 역할을 하는 것이 아니라, 브레이크를 이완시키는 구실을 한다.

2장. 중독에 이르는 길

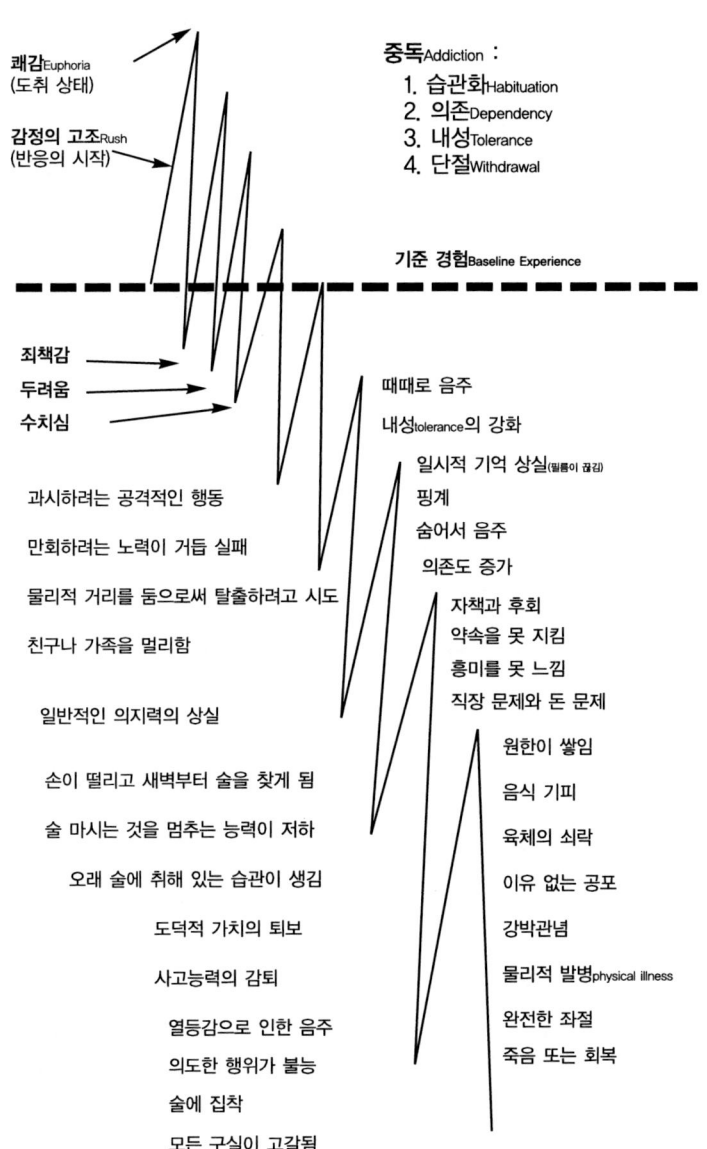

그림1   중독의 순환

화학물질이 효과를 일으키기 시작하면 여인의 접촉이나 슬롯머신의 동전은 쾌감을 부채질한다. 고조된 흥분은 잠깐 즐거움을 가져다준다.

삶의 압박에서 잠시만이라도 벗어나기를 희구하는 사람들에게는 기준 경험이 좀 다르다. 그런 사람들은 자신이 처한 환경에 대해 신경질적으로 반응하거나 우울해할 수 있다. 그들은 기운을 북돋워줄 무언가를 찾거나, 과민한 신경을 차분히 가라앉힐 무언가를 구한다. 우울에 빠진 사람들은 그들을 짓누르고 있는 이 슬픔을 잊어버리기를 간절히 바라는데, 술이나 마약이 이럴 때 도움이 된다. 그리고 당장 효험이 있다. 몇 분 내에 기분이 좋아진다. 고통을 멈추게 하고 싶은 사람도 마찬가지다. 그들은 약효가 나타날 때까지 느긋하게 기다리지 못한다. 그러다 약효가 나타나면 기분이 좋아진다.

불행하게도 약효는 곧 사라진다. 그 다음날 아침은 전혀 다른 이야기이다. 아침에 일어나면 보통의 기준 경험보다 못한 느낌을 갖게 된다. 현실을 인식하기 시작하면 머리가 다시 아파온다. 거울을 봐도 그들은 스스로를 알아보지 못한다. 학교에서나 일터에서 감당해야 할 삶의 모든 책임과 스트레스가 몰려오기 시작한다. 그 사람의 양심에 따라 죄책감, 두려움, 수치심 등이 일어난다. 어떤 사람들에게는 어제 있었던 일이 여태까지 그들이 배우고 믿어왔던 모든 것을 완전히 위반한 사건이기도 하다. 이제 그들은 간밤의 황홀한 경험이 아주 나쁜 것임을 깨닫고 다시는 이런 상황에 빠지는 타협적인 태도를 취하지 않겠다고 다짐한다.

한편, 아침에 눈을 떠서도 여전히 어제의 황홀한 경험을 회상하며 또 그런 기회가 오기를 바라는 사람들도 있다. 주말마다 이런 파티를 계속하며 살고 싶다. 도취 상태가 삶의 중심이 되고, 다음 파티를 상상하는 것만으로도 흥분이 된다.

이런 습관이 치러야 할 대가

'나는 고통스럽다, 그래서 약병을 꺼낸다. 나는 우울하다, 그래서 기운을 돋울 무언가를 해야 한다. 나는 스트레스를 받는다, 그래서 신경을 안정시킬 무엇이 필요하다. 이전에도 약효가 있었으니, 이번에도 그럴 것이다. 나는 기운을 돋우고, 고통을 멈추고, 신경을 안정시키고, 기분을 좋게 하기 위해, 무언가에 의지하도록 스스로를 길들여 버렸다. 이제 나는 그것이 아니면 즐겁게 지내거나 기운을 차릴 수가 없을 것이다.'

중독의 첫 단계는 습관화이다. 가끔 마시는 술, 도박, 성적인 유희 또는 마약이 습관이 되고, 정서적으로 의지하게 되고, 결국엔 나를 붙들어주는 버팀목이 된다. 이런 행동 양식이 즐거운 시간을 보내거나 삶의 어려움을 이기기 위한 수단이 되는 것이다. 이것은 육신적 방어기제이다.

효과가 점점 사라지고 나면 죄책감, 두려움, 수치심 같은 것들이 더 두드러진다. 이런 행위를 반복하면서 중독자들은 원래의 기준 경험을 벗어나 점점 더 멀어진다. 도취 상태에서 그들은 "나는 세상의 왕이다!"라고 소리를 지른다. 그들은 말도 안 되는 생각을 품기도 하고 공격적이 되기도 한다. 그러다가 흥분이 깨고 울적해지면, 대부분의 알코올 중독자나 다른 중독자들은 지난밤을 전혀 기억 못하는 일시적 기억상실을 경험하게 된다. 삶을 다시 추슬러 살아보려는 노력은 번번이 실패한다. '어젯밤에 내가 어떻게 집에 왔지? 무슨 일이 있었지? 이래서는 안 되는데, 정신을 차려야지. 삶을 지탱할 능력을 잃고 있어!' 알코올 중독자들은 자신의 행동에 죄책을 느끼고, 그래서 다시 몰래 술을 마시고, 익숙한 환경을 떠나 사람들이 자기를 알지 못하는 곳으로 간다. 그들은 수치심을 잊으려고 또 술을 마신다.

이들이 원하는 것은 이전에 느꼈던 놀라운 흥분과 쾌감을 다시 한 번 경험하려는 것뿐인데, 문제는 그 처음의 흥분 상태에 이르기 위해서는 점점 더 많은 술과 마약이 필요하다는 것이다. 이들은 술이나 마약에 대해 점점 내성이 생긴다(이것은 성 중독자의 경우에도 마찬가지다). 처음에는 맥주 두 잔이면 기분이 좋았다. 그러나 이제는 한 상자를 마셔야 한다. 그러다 보면 맥주는 너무 반응이 느려서 좀더 빨리 취할 수 있는 다른 마실거리가 필요하다. 처음에는 마리화나로 충분했지만, 이제는 코카인이라야 한다. 처음에는 아스피린으로 두통이 멎었지만, 이제는 거의 효과가 없다. 처음에는 키스만으로도 짜릿했으나, 곧 애무로 이어졌고 이제는 그것으로도 만족할 수 없다. 중독 증세를 보이는 사람들은 처음에 경험한 흥분 상태에 이르려고 안간힘을 쓰지만, 아무리 술을 마시고 마약을 해도 처음의 흥분 상태에는 도달하지 못한다. 그럴수록 우울증은 더 깊어가고, 그만큼 흥분의 기대도 높아간다. 오래지 않아 그들은 기준선 정도의 경험에만이라도 이르기를 소원하지만, 이것도 점점 환상처럼 멀어져 간다.

의지력을 상실한 중독자들은 가정과 또 직장에서까지 책임 있는 삶을 살아갈 능력을 빼앗기고 만다. 그리고 이런 습관을 지속하는 것은 심각한 재정 문제를 야기한다. 사무직 근로자의 경우 이런 습관을 지속하면서도 다른 사람에게는 발각되지 않은 채 몇 년을 지낼 수 있지만, 그의 가정은 엄청난 고난을 겪어야 한다. 한편 빈곤 계층의 가난한 사람들은 이 습관을 지속하기 위하여 도둑질을 하거나 마약 밀매에 손을 댄다. 두 경우 모두 도덕성을 잃어버린다.

중독자들은 자기 가치에 대한 감각이나 자기 존중에 대한 생각이 없다. 그들은 음식을 잘 먹지 않고 자신을 돌볼 줄도 모른다. 결과적으로 그들의 건강도 문제가 된다.

약물 중독으로 인해 고통에 시달리는 사람들은 자연히 사회적인 관계를 단절하게 된다. 사람들에게 자신의 약한 모습을 보이거나 알리고 싶지도 않으며, 중독자로 드러나 멸시와 비난을 받는 것도 두렵기 때문이다. 사람들이 자기를 쳐다보거나, 자기에 대한 이야기만 해도 병적으로 두려워한다. 그들에게는 정신적인 평안이 없다. 사람들이 자기를 정죄하며 비난하는 소리가 밤낮 귓가에서 윙윙거린다. '너는 구역질나는 놈이야! 그냥 지금 죽어버리는 게 어때? 너는 아무짝에도 쓸 데가 없어. 너만 없어지면 네 가정은 훨씬 더 평화로워질 거야.' 이런 소리를 잠재우는 유일한 길은 계속 마시는 것이다.

나의 습관을 점검하라

오랫동안 술을 놓지 못하는 사람에 대한 솔로몬의 권고는 이렇게 끝난다. "네가 스스로 말하기를 사람이 나를 때려도 나는 아프지 아니하고 나를 상하게 하여도 내게 감각이 없도다 내가 언제나 깰까 다시 술을 찾겠다 하리라"(잠 23:35). 어떤 사람들은 아침에 일어나면 꼭 술 생각이 나는데 이것은 분명 알코올 중독의 증상이다. 또 다른 사람들은 이런 증상 없이 수년 동안 주말이면 파티를 열고 사교를 위해 술을 마시면서 지낼 수 있다. 그러나 몸이 떨리는 증상이 생기고, 술을 마셔야만 그것이 멈춘다면, 그는 도움이 필요한 사람이 된 것이다.

내가 알코올 중독자인지 어떻게 알 수 있을까? 메릴랜드 주 볼티모어의 존스홉킨스 대학병원은 환자들의 결단을 돕기 위해 다음과 같은 설문을 사용한다.

1. 술을 마셔서 업무시간에 지장이 있습니까?
2. 술을 마시는 것이 가정에 불안을 가져옵니까?
3. 다른 사람들 앞에서 수줍어하기 때문에 술을 마십니까?
4. 술 때문에 나의 평판에 영향이 있습니까?
5. 술을 마신 후에 양심의 가책을 느낀 일이 있습니까?
6. 술을 마시는 것 때문에 재정적인 어려움을 겪고 있습니까?
7. 열악한 환경이나 수준이 낮은 친구들과 어울리려 술을 마십니까?
8. 술을 마시면 가정의 안녕에 소홀해집니까?

9. 술을 마신 후부터 야망이 줄어들었습니까?
10. 매일 일정한 시간이 되면 꼭 술을 마시고 싶어지십니까?
11. 술을 마신 다음 날 아침, 술 생각이 나십니까?
12. 술을 마시고 나면 잠들기가 어렵습니까?
13. 술 마시는 습관이 생긴 후로 일의 효율이 떨어졌습니까?
14. 술 마시는 것이 일이나 사업을 곤경에 빠뜨립니까?
15. 걱정이나 어려움을 잊기 위해 술을 마십니까?
16. 혼자 술을 마십니까?
17. 술을 마시고 나서 전혀 그때의 일을 기억할 수 없었던 경험이 있습니까?
18. 술 문제로 의사의 치료를 받은 일이 있습니까?
19. 자신감을 얻기 위해 술을 마십니까?
20. 술 문제로 병원이나 전문기관에 들어간 일이 있습니까?

병원 측에 따르면, 이 스무 항목 중 하나라도 해당되는 사항이 있는 사람은 **알코올 중독의 경향**이 있으니 조심을 하라는 경고이며, 두 가지에 해당되는 사람은 **알코올 중독자일 가능성**이 있으며, 세 개 이상 해당되는 사람은 **확실히 중독자**라고 한다.

문제를 인정하라

내가 처음 알코올 중독 재활과정에 참석했을 때 놀라운 사실을 깨달았다. 나는 공동의존을 경험하고 있다는 사람들의 모임에 들어갔다. 이들은 가족이나 친구를 돕기 위해 그 프로그램에 참여하고 있었다. 모임에 참석한 사람은 각자의 인생 이야기를 적어서 함께 나누어야 했다. 한 부부도 전형적인 파티광인 딸을 돕기 위해 왔다고 했다. 그 딸은 누구보다 술이 세고 그것을 자랑스러워했지만, 이제는 술 마시는 것을 멈출 수가 없게 되었다. 그 어머니는 자신의 고통스런 경험을 잘 인내하며 나누었다. 그는 딸을 위해서라면 무슨 일이라도 할 준비가 되어 있었다.

아버지는 이런 이야기를 나누기 힘겨워했다. 그는 짧게 피상적으로 이야기를 마쳤다. 그가 속 이야기를 꺼내지 않았다는 것을 모두 알 수 있을 정도였다. 그러나 사람들은 그를 그냥 놓아주려 하지 않았다. 그들은 무자비할 정도로 질문을 하기 시작했다. 나는 약간 당황스러웠다. 이런 생각이 들었다. '제발, 이분이 숨 쉴 틈을 좀 주시오. 그는 여기 딸을 위해 오지 않았습니까? 고정들 하시오.' 그를 취조하듯이 심문하여 이야기를 들은 사람들은, 이제 집요하게 현재의 삶을 추궁했다. "당신은 아직도 술을 마십니까?" 그들이 물었다. "약간 마십니다. 가끔 맥주를 조금씩이요." "맥주를 어느 정도 마시나요?" 그들은 다그쳤다. "집에서 가끔 몇 잔 정도 마십니다." 그는 이렇게 대답했다. "정확히 몇 잔입니까? 가끔이란 일주일에 몇 번입니까?" 그들은 고삐를 늦추지 않았다.

그 사람이 끙끙거리며 대답에 궁색할 때, 갑자기 그 아내가 울음을 터뜨렸다. 그리고는 지난 수년간의 좌절과 고통을 토로했는데, 이것은 좀 전에 자신의 이야기에서는 암시조차 안 했던 내용이었다.

그들이 심문할 때 내가 입을 다물고 있었던 것이 얼마나 다행스러웠는지 모른다. 그 남편은 나 같은 사람은 속일 수 있었을지 모르지만 그 사람들을 속일 수는 없었다. 30분도 안 되어 그들은 수년 동안 감추고 살아온 그 사람의 음주벽을 밝혀내고 말았다. 회복의 첫 단계는 내게 문제가 있다는 것을 자인하고 진실을 말하기 시작하는 것이다. 중독증을 숨길 수 있다고 생각하거나, 중독 습관을 지닌 채 살아갈 수 있다고 믿는 사람들은 아마 그냥 그렇게 살아가려고 할 것이다. 사람들이 최악의 지경으로 떨어지지 않는 한 도움을 받으려 하지 않는다는 것은 널리 알려진 사실이다. 중독자들은 직장을 잃고, 건강을 해치고, 결혼이 파경에 이르기까지 기다린다. 그제서야 그들은 결국 문제를 인정하고 그렇게 고대하던 도움을 받기로 하든지, 아니면 파멸의 대열에 끼어 죽음의 길을 간다.

요즘 전문가들은 소위 '간섭intervention'이라고 하는 방법을 사용한다. 이 방법에는 노련한 협조가 필요한데, 사실 중독자의 가족은 중독자를 판단하고 정죄하거나, 아니면 아무 일도 없다는 듯 사태를 덮어두기에 급급한 경우가 많다. 그래서 전문가들은 중독자와 중요한 관계가 있는 모든 사람들(직장 상사까지 포함하여)을 모아 각자의 역할을 알려주고 대면을 준비한다. 간섭은 중독자가 모르게 수차례에 걸쳐 이루어진다. 그리고 중독자의 정신이 말짱할 때 모임을 시작한다. 각 사람은 이제 그의 중독이 자신에게, 또 중독자 본인에게 어떤 영향을 미치는지 털어놓는다. 그리고 중독자는 치료 받을 기회를 얻는다. 외부의 도움이 절실히 필요한 중독자들이 손을 내밀게 하는 데는, 굳건한 사랑에 근거하여 진리를 말하는 것, 이것이 필수적이다. 이들은 나선형 계단을 정신없이 굴러 떨어져 결국은 삶의 모든 의미와 자기 존재까지도 상실하고 멸망에 이르는 길에 있기 때문이다.

성 중독은 좀 다르다. 이들은 몇년 동안 자기의 중독증을 숨길 수 있다. 대통령의 직무를 수행하면서도 성 중독자일 수 있으나, 약물 중독인 경우는 그런 직무를 계속 수행할 수 없다. 알코올 중독이나 마약 중독은 그들의 습관을 유지하는 데 약물이 필요하지만, 성 중독자들은 마음속으로 중독행동을 계속할 수 있다. 한 번의 성적인 이미지나 경험은 이 습관을 수년간이나 지속시킬 수 있다. 성 중독자의 경우 그들의 마음을 깨끗이 닦아낼 수 없다는 문제가 있다. 음란물을 세 번 보는 것은 실제 성행위를 한번 하는 것과 동일한 정도의 지속적인 기억을 남긴다고 한다.

공동의존을 피하려면

이렇게 곤두박질치는 중독자들은 마치 회오리바람이 지나가면서 주변의 모든 것을 빨아들여 집어 내던지듯이 주위 사람들을 피해자로 만든다. 일차적 피해자는 식구들이다. 보통, 배우자가 첫 희생자이다. 내가 목회를 할 때, 교인 중에 아주 신실한 여성도가 상담을 요청했다. 그의 남편은 교회에 잘 나타나지 않았으므로 남편에 대해서는 거의 아는 것이 없었다. 아마도 그는 영적인 일에 관심이 없는 모양이라고 나는 추측하고 있었다. 그 여인은 가끔 남편의 구원을 기도제목으로 내곤 했지만 한 번도 가정의 비밀을 나눈

적은 없었다. 그날 오후, 20년의 침묵이 깨어졌다. 그 여인은 더 이상은 그런 상태로 살 수 없었던 것이다. 남편의 알코올 중독은 가정과 결혼생활을 파탄지경으로 내몰았다. 그 여인이 이렇게 오랫동안 문제를 안고 기다렸다는 사실이 나는 더 놀라웠다.

20년간, 그 아내는 어떤 면에서 남편의 음주벽을 도운 것이다. 남편이 술 때문에 직장을 빠지면 아내는 뒤처리를 했다. 남편이 집 앞 잔디밭에 정신을 잃고 쓰러져 있으면, 아내는 어떻게든 그를 집 안으로 끌고 들어와 깨끗이 씻겨 침대에 뉘었다. 그리고 아이들에게도 그렇게 하라고 가르쳤다. 그들은 모두 가족의 명예를 지켜야 했고, 가장이 직장을 잃는 일이 있어서는 안 되었다. 살아남기 위한 방편으로 거짓말과 위장이 사용되었다. 이 연극에 협조하지 않으면 협박을 당해야 했다. 그러나 온 가족이 이 연극을 하면서도, 그들은 정신적, 정서적, 육체적 고통에 시달렸다. 그들은 수치심을 누르고 침묵 가운데 살았다.

이들 협력자enabler는 거짓말과 위장으로 위기를 넘기며 살아남는 법을 배운다. 그들은 비밀이 탄로될 때 닥칠 역풍을 두려워하여 입을 굳게 닫는다. 집에서 겪는 일만으로도 이미 그들의 정체성과 자존감은 만신창이가 되었다. 이제 그들은 나지막한 휘파람이라도 불어 마지막 남은 위신까지 잃고 싶지는 않다. 어떤 이들은 그들이 가정을 파괴한다고 비난하는데, 사실 이런 일이 발생하기도 한다. 성경은 사랑으로 진리를 말하고, 빛 가운데 행하라고 명하지만(엡 4:15, 요일 1:7을 보라), 사람들은 이 명령을 외면하고 자기 보호에 급급하다. 그러나 결과는 자기 보호가 아니라 그 정반대인

자기 파괴이다.

나는 그 여인에게 왜 남편을 보호하고 거짓말을 계속했느냐고 물었다. 그는 이렇게 대답했다. "나는 너무 당황스러워 아무에게도 말할 수 없었습니다. 그렇게 하지 않으면 그가 나를 떠날까 봐 두려웠고요."

나는 그에게 "당신이 그를 감싸고 거짓말로 둘러대는 한, 당신은 그를 도와 계속 술을 마시게 하는 것입니다"라고 말했다.

누가 파멸의 길을 가고 있다면, 우리는 그가 그 길을 잘 가도록 도울 생각이 들까? 아니, 우리는 그를 그렇게 돕지 않을 것이다. 그것은 하나님의 말씀을 어김으로써 그를 해치고 결국 우리 자신을 해치는 셈이 되는 것이다. 우리는 중독자들이 그런 무책임한 행동을 계속하도록 도와서는 안 된다. 중독자도 협력자도 점점 더 비참해지고 말 것이다.

게다가, 이렇게 협력함으로 우리는 가장 중요한 관계, 곧 하나님과의 관계를 망치게 된다. 중독자나 협력자나 여기에 연루된 모든 사람은 어둠의 주관자, 거짓의 아비에게 희생되는 것이다.

우리가 사랑하는 사람이 중독행동에 빠져 있고, 거기서 벗어나려는 의지가 없을 때, 우리는 어떻게 해야 하는가? 우리는 그를 직장 상사에게, 교회에, 그리고 범법행위가 있다면 경찰에게까지 데리고 가야 한다. 내가 이렇게 주장하는 것은, 그들이 어떻게 되건 나야 상관없기 때문이 아니라, 내가 진심으로 그들을 사랑하기 때문이다. 그들은 마치 주의를 끌기 위하여 못된 짓을 저지르는 어린아이와 같다. "내가 지금 위험한 길을 가는데, 누구 나를 도와 이

길을 가지 않게 해줄 사람 없나요?"

징계는 우리 사랑의 증표이지, 배반이 아니다. 드러날까 봐 두려워하는 것은 드러나서 그 결과를 당하는 것보다 더 나쁘다. 중독자를 보고도 아무 행동을 취하지 않은 결과는 모두를 위해 중독과 맞섰을 때의 결과보다 더 나쁘다.

먼저, 당신이 사랑하는 중독자에게 말하라. 그를 사랑한다고 말하고, 사랑하기 때문에 더 이상 이런 행위를 참을 수 없다고 이야기하라. 그가 이 중독에서 벗어날 수 있는 길이 있다면 무엇이라도 할 각오가 되어 있음을 이해시키라. 대부분의 중독자는 자신에게 문제가 있다는 사실을 부인할 것이다. 그렇게 되면, 이제는 더 이상 그를 위해 거짓말을 하지도, 덮어주지도 않을 것이며, 당신 자신을 위해 전문가의 도움을 요청할 것이라고 말하라. 그리고 그의 묵인 하에 목사님과 면담을 청하라. 당신은 도덕적 지원과 영적 조언이 필요하다. 알코올 중독자의 아내나 자녀들을 돕는 기독교 단체를 찾아보라. 중독자와 당신을 중재하고 간섭해 줄 전문가의 도움을 구하라. 당신 자신을 보호할 건전한 장치가 반드시 필요하다.

다른 한편으로, 사랑하는 모든 그리스도인은 좋은 의미에서 서로를 **의지한다**. 우리는 서로 사랑하라는 계명을 받았다. 그 의미는 우리가 서로의 필요에 부응해야 한다는 것이다. 이것은 잘못된 것이 아니라 그리스도를 따르는 것이다. 그러나 그리스도를 본받는 사랑은 상황에 따라 거칠고 모질 수도 있다. 다른 사람이 내게, 언제 어떻게 사랑하라고 지시하는 것은 잘못된 것이다. 그들은 자신의 병증을 가지고 우리를 조종하려고 한다. 그들의 요구나 중독증에 좌우되어서는 안 된다. 그들의 요구에 따르는 순간, 그의 멍에는 곧 나의 멍에가 되는 것이다. 하나님의 영은 우리에게 스스로를 통제하는self-control 능력을 주신다. 바로 그 성령께서 우리를 자유케 하는 모든 진리 가운데로 우리를 인도하신다. 이 지구 위에 거하는 그 누구도 우리가 하나님이 원하시는 사람이 되는 것을 막을 수 없다. 중독자도, 그에게 공동의존하는 가족들도 그리스도 안의 자유를 찾아야 하며, 이 책은 그 내용을 다룰 것이다.

〈연구〉
1. 당신의 삶에서 경계선을 넘은 영역이 있는가? 악의 없는 끌림에서 정신적 강박증까지 넘어간 경우가 있는가?
2. 다른 사람이 알기를 원치 않는 어떤 행위를 감추려 하거나 거짓말을 한 적이 있는가? 어떤 일이 있었는지 말해보라.
3. 앞에 나온 20가지 설문을 검토해보라. 여기에 해당될 만한 사람이 주위에 있는지 살펴보라.
4. 당신이나 다른 사람의 중독행동이 그 가족에게 어떤 영향을 끼치는가?

03 모든 중독의 궁극적인 원인

| The Ultimate Cause of All Addictions |

> 인류 최초의 불순종, 또한 금단의 나무 열매여,
> 그 너무나 기막힌 맛으로 해서
> 죽음과 더불어 온갖 슬픔 이 땅에 오게 되었나니
> 에덴을 잃자 이윽고 더욱 거룩한 한 어른 있어
> 우리를 돌이켜 주시고 또한 복된 자리를
> 다시 찾게끔 하여 주셨나니
> 하늘에 있는 뮤즈여, 노래하라.
>
> 존 밀튼

> 죄란 언제나 불쾌한 단어였으나, 지난 반세기 동안 새로운 의미를 덧입어 더욱 그런 느낌을 갖게 되었다. 그것은 불쾌할 뿐 아니라 시대에 뒤떨어진 구닥다리 단어가 되었다. 이제 사람들은 죄인이 아니다. 그들은 단지 미성숙했거나, 불우한 환경에서 자랐거나 겁에 질렸거나 특히, 병들어 있을 뿐이다.
>
> 필리스 맥긴리

조나단 멜보인Jonathan Melvoin은 스매싱펌킨스Smashing Pumpkins라는 록그룹의 백업 키보드 반주자였다. 1996년 7월 11일 밤, 그는 마약 과다복용으로 숨을 거두었다. 그를 죽인 마약은 거리에서는 레드럼red rum(살인자murder의 철자를 거꾸로 읽은 것)이라고 알려진 헤로인 계통의 약이었다.

그의 사망 소식이 매체에 전해지자, 거리의 마약 중독자들 사이에서 충격적인 반응이 일었다. 레드럼의 수요가 폭등한 것이다. 담당 경찰관은 이 현상을 다음과 같이 설명했다. "누가 무슨 마약으로 죽었거나 거의 죽을 지경에 이르렀다면, 갑자기 그 약을 구하려

는 사람들이 몰려듭니다. 그 약이 더 강력하고, 더 흥분을 고조시
킨다고 믿기 때문이지요."1

이것은 미친 짓이다. 그러나 이런 비합리적인 일이, 죄의 노예로
사는 사람들에게는 드문 일이 아니다. 어쩌다 이 지경이 되었는가?

처음 시작으로 돌아가 보면

현재 우리 문화의 정신상태를 알기 위하여는 더 큰 그림을 살펴보
아야 한다. 땅과 인류가 처음 창조된 사건부터 보기로 하자.

> 하나님이 말씀하시기를 "우리가 우리의 형상을 따라서, 우리의 모양
> 대로 사람을 만들자. 그리고 그가, 바다의 고기와 공중의 새와 땅 위
> 에 사는 온갖 들짐승과 땅 위를 기어다니는 모든 길짐승을 다스리게
> 하자" 하시고(창 1:26).

> 주 하나님이 땅의 흙으로 사람을 지으시고, 그의 코에 생명의 기운
> 을 불어넣으시니, 사람이 생명체가 되었다(창 2:7).

> 주 하나님이 말씀하셨다. "남자가 혼자 있는 것이 좋지 않으니, 그를
> 돕는 사람, 곧 그에게 알맞은 짝을 만들어 주겠다"(창 2:18).

> 남자와 그 아내가 둘 다 벌거벗고 있었으나, 부끄러워하지 않았다(창
> 2:25).

하나님은 인간을 그분 자신의 형상대로 만드셨다. 하나님께서는 진흙덩어리 인간에게 생명을 불어넣으셨고, 즉시 아담은 영적으로 육체적으로 생명을 갖게 되었다. 그러나 무엇인가 빠져 있었다. 그가 혼자 있는 것이 좋지 않았고, 이 외로움은 다른 어떤 동물로도 달랠 수 없었다. 그래서 하나님은 아담에게 어울리는 돕는 사람을 창조하셨다. 두 인간은 벌거벗고 있었으나, 부끄러워하지 않았다. 그들의 몸은 어느 한 군데도 더러운 곳이 없었고, 심지어 그들은 하나님 앞에서 친밀한 부부관계를 가질 수도 있었다. 거기는 죄가 없었으며 감출 것도 없었고, 덮을 이유도 없었다.

아담과 하와는 하나님이 창조하신 나머지 모든 세계를 다스리도록 위임을 받았다. 하나님은 그들을 "에덴동산에 두시고 그곳을 맡아서 돌보게"(창 2:15, 새번역) 하셨다. 그들은 생육하고 번성하여 땅을 충만히 채울 수 있었다. 그들이 하나님을 의지하는 관계 속에 거하는 한 그들은 엄청난 자유를 누릴 수 있었다. 그들은 완전한 삶을 누렸으며, 하나님의 임재 가운데 영원히 살 수도 있었다. 그들이 살아 있는 데는 하나님의 귀한 목적이 있었다. 그들은 자신이 중요하다는 느낌을 찾을 필요가 없었고 남에게 받아들여지려고 분투할 필요도 없었다. 그들은 하나님 안에서 용납되고 인정받았으며 안전했다. 그들은 또한 자신이 하나님께 속하고 서로에게 속해 있음을 느끼고 있었다. 하나님은 그들의 모든 필요를 공급하셨다.

아담과 하와의 타락
아담과 하와는 하나님의 형상으로 만들어졌기 때문에, 생각하고 선택하는 능력은 창조에 당연히 포함된 요소였다. 그러나 우주에는 악이 존재하고 있었다. 하나님은 그것을 바꾸기 원하셨고, 아담과 하와에게 명하여 선악을 알게 하는 나무의 실과를 먹지 말라고 하셨다(창 2:17을 보라). 만일 먹으면 죽을 것이라고 하셨다. 그러나 사단은 가만히 앉아서 하나님이 우주에서 악을 제거하는 것을 구경만 하고 있을 생각은 아니었다. 그래서 사단은 하나님의 말씀을 의심하고 왜곡하여 하와를 유혹했다(창 3:1-6을 보라). 그는 오늘날도 여전히 사용되는 유혹의 세 가지 통로, 곧 육신의 정욕과 안목의 정욕과 이생의 자랑(요일 2:16을 보라)을 활용했다. 사단의 간교한 속임에 넘어가서 아담과 하와는 선택을 했고, 독립을 선언했다. 그리고 그들은 죽었다.

처음 죄를 짓던 날, 아담과 하와는 육체적으로는 죽지 않았지만 영적으로는 죽음을 맞았다. 물론 육체적인 죽음도 결국에는 죄의 결과로 맞게 될 것이었다(롬 5:12을 보라). 그들이 지은 죄의 영향은 즉각적이었다. 창조시에 부여받은 모든 인격적 속성—영적인 삶, 정체성, 용납, 안전, 존재가치—은 사라졌고 이제 이 속성들은 그들이 절실히 필요로 하는 근본적 욕구가 되었다. 아담의 자기인식은 수치와 죄책감으로 얼룩졌다. 그는 자신의 벌거벗은 모습을 가리고 하나님으로부터 숨었다. 그러나 하나님은 즉각 아담을 부르시고 대면하심으로써 상황을 주도하신다.

그[아담]가 대답하였다. "하나님께서 동산을 거니시는 소리를, 제가 들었습니다. 저는 벗은 몸인 것이 두려워서 숨었습니다." 하나님이 물으셨다. "네가 벗은 몸이라고, 누가 일러주더냐? 내가 너더러 먹지 말라고 한 그 나무의 열매를, 네가 먹었느냐?" 그 남자는 핑계를 대었다. "하나님께서 저와 함께 살라고 짝지어 주신 여자, 그 여자가 그 나무의 열매를 저에게 주기에, 제가 그것을 먹었습니다"(창 3:10-12).

하나님은 이 질문의 해답을 알고 계셨는데, 그러면서 왜 물으셨는가? 책임을 추궁하시는 것이다. 하나님은 아담이 자기가 행한 일에 대해 스스로 책임을 지기를 원하셨다. 아담은 하와에게 책임을 전가하면서, 자신의 타락에 하나님도 일조하신 게 아니냐는 듯한 말을 흘렸다. "사실, 하나님이 이 여인을 창조하여 제게 주시지 않았습니까?" 내가 잘못하고서 다른 사람에게 책임을 전가하는 습성은 그 후로 타락한 인간 본성의 변치 않는 태도가 되었다. 우리가 그리스도 안에서 회복되려면 우리 자신의 회피하고 방어하는 습관을 깨뜨려 버려야 한다.

복음의 소망

아담과 하와의 타락은 인간이 어쩌다 이 지경으로 추락했는지를 설명하는 유일하게 설득력 있는 가정이며, 이 추락에서는 복음만이 유일한 소망이 될 수 있다. 아담과 하와가 하나님과의 관계를 잃었을 때, 그 즉시 수치심과 죄의식이 그들을 사로잡았다. 이와 똑같은 일이 중독행동으로 갈등하는 그리스도인들에게도 나타난다. 아담이 범죄한 후 처음 표현한 감정은 이렇다. "내가 벌거벗은 것을 두려워하여 숨었습니다." 우리는 발각될 것이 두려워 우리 죄를 비추는 빛으로부터 달아난다. 하나님의 조건없는 사랑과 용납이 아니라면, 바리새인들이 예수님께 그랬듯이 우리 역시 빛을 피하여 도망하며 빛의 근원을 인정하려 하지 않을 것이다. 사단은 하나님을 아는 지식을 반박하는 사상을 퍼뜨리고(고후 10:5을 보라), 그 속임수에 넘어간 인간들은 하나님의 존재 자체를 비웃는다. 하나님의 영원한 도덕기준을 따를 수 없는 타락한 인생들은 두려움, 죄책감, 수치심을 스스로 처리해야 하는데, 그 수단이 바로 하나님으로부터 숨거나 아니면 하나님을 공격하는 것이다.

아담과 하와의 후손은 누구나 이 땅에 태어날 때, 육체로는 살았으나 영적으로는 죽은 상태이다(엡 2:1을 보라). 우리는 여기에 아무것도 할 수 없이 속수무책이며, 하나님이 아니시면 전혀 아무런 소망도 없다. 하나님을 떠나 독립하여 사는 사람은 아무도 거룩한 삶을 살 수 없을 뿐 아니라, 그들 대부분은 사실, 자신의 부적절함이 드러날까 봐 두려워한다.

"악한 일을 저지르는 사람은, 누구나 빛을 미워하며, 빛으로 나아오지 않는다. 그것은 자기 행위가 드러날까 보아 두려워하기 때문이다. 그러나 진리를 행하는 사람은 빛으로 나아온다. 그것은 자기의 행위가 하나님 안에서 이루어졌음을 드러내려는 것이다"(요 3:20-21).

진실을 드러내다

많은 중독자들이, 그들을 옭아매고 있는 멍에들을 모두 벗어버리고 싶다고 말한다. 간단히 말하자면 그들 스스로 거짓된 삶을 살기에 지쳤다는 것이다. 속으로는 수치심과 죄책감에 시달리면서 겉으로는 아무렇지 않은 척하는 삶이 사람이 할 짓이 못 된다는 것을 그들은 깊이 깨닫고 있다. 그들이 알아야 할 사실은 그런 수치스런 삶이, 복음의 소망을 받아들이지 않고 하나님의 은혜를 거절한 결과라는 것이다.

간섭해야 할 이유
중독자가 회복의 단계를 시작하는 첫걸음은 현실을 직시하는 것이다. 어떤 경우에는 자기 스스로 이것을 시작하기도 한다. 그러나 많은 경우 그들은 도움이 필요하고, 이런 도움은 '간섭'이라는 형태로 오게 된다. 중독의 증상이 현저할수록 중독자가 자신의 과오를 순순히 인정할 가능성도 커진다. 그들이 자신의 행동을 숨길 수 있다고 생각하는 한, 그것이 자신에게 해가 된다는 것을 알면서도 그들은 최선을 다하여 끝까지 숨기려 할 것이다. 아담은 숨었지만 하나님은 그가 도망치도록 내버려두지 않으셨다. 이것이 인류 최초의 간섭이다.

   중독자가 속이고자 하는 바로 그 사람들 앞에서 중독자의 위선을 폭로하는 것은 정말 어려운 일이지만, 동시에 대단히 효과적이다. 이 방법이 제대로 성공할 경우 놀라운 결과를 얻는데, 중독행동으로 갈등하는 그리스도인들이 겪는 이중성 즉, 속마음의 상태와 겉으로 드러나는 행동의 불일치를 고칠 수 있다. 일단 이 비밀이 폭로되면 게임은 끝난 것이다. 죄인은 안식을 되찾는다. 거짓된 삶을 살고 있다는 죄책감과 고통보다는 한번 수치를 겪는 것이 오히려 낫다.

물론 이러한 간섭이나 그에 따르는 자백은 겨우 시작단계에 불과하다. 아담과 하와는 게임이 속히 끝났지만, 그들에게는 문제가 아직 남아 있다.

나는 신학교 학생들에게 알코올 중독자들의 모임에 참석해 보고, 수업시간에 발표를 하라고 시킨다. 학생들은 거기서 자욱한 담배 연기 속에서 저속한 말을 들으며 불쾌한 경험을 했지만, 거의 모든 학생들이 이렇게 고백했다. "우리 교회 교인들이 저 사람들처럼 솔직하면 얼마나 좋겠어요!" 그런 모임에 참석한 사람들은 대부분 이미 비밀이 다 드러난 상태이다. 그들은 더 이상 숨길 것이 없다. 그들은 그들을 있는 모습 그대로 받아주는 장소를 발견한 것이다.

정직이 중요하다

어떤 사람들은 외부인의 방문을 허락하지 않는 알코올 중독자 모임에 참석한다. 그리고 그 모임 밖에서는 반듯하게 차리고 다닌다. 그들은 여전히 사회적 체면을 고려하며 자신의 실체를 가장하려 한다. 빌 클린턴 전 대통령은 자신의 성 중독을 인정하기를 거부했다. 그의 비밀을 모르는 사람이 없는데도 그는 계속 거짓말하는 쪽을 선택했다. 만일 그가 이렇게 말했다면 어땠을까? "친애하는 국민 여러분, 저는 여러 해 동안 성 문제로 갈등하고 있습니다. 저와 저의 가족은 이 문제로 큰 고통을 받고 있습니다. 저는 이 문제로 전문가의 도움을 받으려고 합니다. 기도해 주십시오. 저는 여러분이 뽑아주시고 기대하시는 대로 계속 대통령직을 수행할 수 있다고 생각하며, 또한 더 잘 감당하도록 노력하고자 합니다." 아마 그의 지지율은 더 올라갔을 것이고, 같은 문제로 고통 당하는 사람들을 위해 큰 공헌을 할 수 있었으리라.

많은 그리스도인들이 비밀이 탄로나는 것을 두려워한다. 반드시 술이나 마약 문제가 아니더라도, 다른 사람들, 특히 교회 사람들에게 알리기 싫은 여러 가지 문제를 껴안고 살아가는 사람들은 많이 있다. 결혼생활에 문제가 있거나 자녀의 반항이 위험한 수위에 달했을 수도 있으나 다른 사람들이 그들의 곤경을 인식하지 못하는 한 그들은 도움을 청하지 않는다. 그러다가 결국 배우자가 집을 나가고, 아이들이 학교에서 퇴학을 당하고 보호소에 가거나 가출하게 되면 그때에야 도움을 요청한다. 교회 공동체는 각 구성원이 빛 가운데 행하지 않고 사랑으로 진리를 이야기하지 않으면 아무런 열매를 맺을 수 없다. 그런 사람들은 자신이나 가족에게 필요한 도움을 빼앗는 셈이다. 왕왕 사람들은 비밀이 다 드러난 후에야 도움을 부르짖는데, 이때는 이미 상황이 많이 악화된 후이다.

그러나 위기의 순간을 지난 다음에도 도울 수 있으며 여전히 소망은 있다는 사실을 우리는 반드시 기억해야 한다. 교회는 구원하는 공동체라고 할 수 있다. 각 구성원은 회복의 계단을 오르고 있으며, 아래 단계에 있는 사람에게 손을 내뻗어 그들이 그들의 열악한 환경과 중독을 이기고 올라오도록 도와야 한다. 이 일은 정직하지 않고서는 이루어질 수 없는 일이다. 우리는 우리 자신에게 또 서로에게 정직해야 한다.

하나님의 오래 참으심

하나님은 우리가 오랫동안 위선 가운데 사는 것을 원치 않으신다. "드러내려 하지 않고는 숨긴 것이 없고 나타내려 하지 않고는 감추인 것이 없느니라"(막 4:22). 이 땅에서는 꼭꼭 숨긴 죄악이 하늘에서는 공공연한 스캔들이다. 성경은 이렇게 말한다. "그가 빛 가운데 계신 것 같이 우리도 빛 가운데 행하면 우리가 서로 사귐이 있고 그 아들 예수의 피가 우리를 모든 죄에서 깨끗하게 하실 것이요"(요일 1:7). 빛 가운데 행한다는 것은 도덕적인 완벽함을 의미하는 것은 아니다. 다음 구절이 이를 뒷받침하고 있다. "만일 우리가 죄가 없다고 말하면 스스로 속이고 또 진리가 우리 속에 있지 아니할 것이요"(요일 1:8).

빛 가운데 행한다는 것은 계속적으로 자백하는 삶이다. 그것은 하나님과 맺은 도덕적 언약, 그리고 이웃과의 정직한 관계에 유의하며 정신을 차리고 살아가는 것이다. 바울은 우리에게 "그런즉 거짓을 버리고 각각 그 이웃과 더불어 참된 것을 말하라 이는 우리가 서로 지체가 됨이라"(엡 4:25)라고 권고하고 있다.

하나님은 우리를 너무 사랑하셔서 우리가 어둠과 거짓 가운데 사는 것을 허락하지 않으신다. 그런 삶이 결국 우리를 멸망시키리라는 것을 아시기 때문이다. 그는 우리 스스로 이런 결론에 이르기를 원하시며 오래도록 참고 기회를 주시지만, 언젠가는 우리의 유익을 위하여 또 우리의 은밀한 죄 때문에 고통 받는 이웃을 위하여 우리의 죄를 들추어내신다. 체면과 위신을 위하여 살다가는 하나님과 동행하지 못하게 된다. 왜냐하면 "하나님이 교만한 자를 물리치시고 겸손한 자에게 은혜를 주신다"(약 4:6) 하셨기 때문이다.

언젠가 누가 내게 물었다. "그리스도인은 어떻게 행동해야 합니까?" 그리스도인 됨은 남에게 보여주기 위한 행위가 아니라 실제적인 진실 그 자체다. 우리는 하나님과 올바른 관계를 가질 수도, 진실해질 수도 없다. 그러나 필요하다면, 하나님께서 직접 우리 삶에 여러 사건들을 준비하셔서 우리가 진실하게 되어 하나님과 올바른 관계를 갖도록 하신다. 거짓된 삶을 사는 것은 거짓의 아비요 어둠의 권세자인 마귀의 손에 놀아나는 것이다. 진실이란 우리의 적이 아니라, 항상 우리를 자유케 하는 친구이다. 진실을 대면하는 것이 처음에는 어렵고 고통스럽더라도 그 결과는 거짓된 삶의 결과와는 비교할 수 없이 좋은 것이다. "그러므로 하나님의 능하신 손 아래에서 겸손하라 때가 되면 너희를 높이시리라"(벧전 5:6).

아닌 척하기 놀이

얼마간은 아닌 척 살아갈 수 있지만 언젠가는 결국 대가를 치르고야 만다. 마약의 영향은 2년 내에 나타난다. 술 마시는 습관은 좀 더 오래 숨길 수 있고, 성 중독이라는 악몽은 더 오래 숨기고 갈 수 있다.

몇 년 전에 나는 얼마나 많은 약물 중독자들이 또한 성 중독의 노예로 살아가고 있는지를 발견하고 놀란 일이 있다. 그 비율은 대단히 높았다. 이 사람들은 약물 중독에 대한 치료는 받지만 정욕과 음란물과 동성애로 인한 고통에 대해서는 도움을 청하지 않을 것이다. 다른 중독과 마찬가지로 이 사람들도 훗날 심각한 상황으로 발각되기 전에 필요한 도움을 받아야 한다. 약물에 의존하던 많은 사람들이 재활 치료를 통하여 상당 정도 회복을 보이고 있지만, 그들은 여전히 성욕의 지배 아래 매여 있다.

타락한 세상을 이기는 길

아담과 하와가 최초의 죄를 저지른 후 그들은 이해하는 능력이 어두워졌는데, 이는 그들이 하나님의 생명에서 분리되었기 때문이다 (엡 4:18을 보라). 아담이 하나님을 피하여 숨으려고 한 것을 보면, 그는 하나님이 어떤 분이신지에 대한 참된 이해를 상실한 것 같다. 아담이 정확히 무슨 생각을 했는지는 확실히 알 수 없다. 어떻게 사람이 무소부재하신 하나님을 피해 숨을 수 있겠는가? 하나님은 인간이 하나님을 떠나 독립적으로 살도록 창조하지 않으셨다. 하나님을 따르지 않는 사람은 하나님의 길을 이해할 수 없다는 것이 그 분명한 증거이다.

그러나 자연에 속한 사람은 하나님의 영에 속한 일들을 받아들이지 아니합니다. 그런 사람에게는 이런 일들이 어리석은 일이며, 그는 이런 일들을 이해할 수 없습니다. 이런 일들은 영적으로만 분별되기 때문입니다(고전 2:14).

진퇴양난이다! 사단은 하나님의 백성에게서 그 신분을 박탈하고 스스로 이 땅의 권세를 가로채 왕이 되었다. 사단은 예수님에게까지, 이 세상과 만국의 영광을 보여주며 자기에게 절만 하면 이 모든 것을 주겠다고 꾀었다. "이 모든 권위와 그 영광을 내가 네게 주리라 이것은 내게 넘겨준 것이므로 내가 원하는 자에게 주노라"(눅 4:6). 예수님은 이 세상을 제 것이라 주장하는 사단에게 잘못을 정정하기는커녕, 사단을 이 세상을 다스리는 자, 세상 임금이라고 불렀다(요 12:31, 14:30, 16:11). 바울은 사단을 "공중의 권세 잡은 자 … 곧 지금 불순종의 아들들 가운데서 역사하는 영"이라고 불렀다(엡 2:2). 그의 통치의 결과로 "온 세상은 악마의 세력 아래 놓여"(요일 5:19, 새번역) 있다고 했다.

인류를 구원하시려는 하나님의 전략

하나님의 구원계획은 즉각적으로 진행되었다. 하나님은 뱀을 저주하고 사단의 멸망을 예언하셨다.

주 하나님이 뱀에게 말씀하셨다. "네가 이런 일을 저질렀으니, 모든 집짐승과 들짐승 가운데서 네가 저주를 받아, 사는 동안 평생토록 배로 기어다니고, 흙을 먹어야 할 것이다. 내가 너로 여자와 원수가 되게 하고, 너의 자손을 여자의 자손과 원수가 되게 하겠다. 여자의 자손은 너의 머리를 상하게 하고, 너는 여자의 자손의 발꿈치를 상하게 할 것이다"(창 3:14-15).

십자가에서 "여자의 자손"(그리스도를 지칭함)은 사단의 머리에 치명상을 입힐 것이고, "너"(사단)는 그리스도의 발꿈치를 상하게 할 것이라고 하셨다. 상하게 한다는 히브리 원어의 라틴어 번역*shuph*은 숨어 기다린다는 의미를 포함하고 있는데, 이는 기대하며 오래 투쟁한다는 말이다. 이 우주적인 전투가 성경에서 전개되는 드라마의 배경이며, 오늘날까지 이어지고 있는 지루한 싸움이다. 사단의 영적인 후손과 하나님의 가족 된 자들은 서로 대립한다. 우리는 하나님의 자녀이든지(요 1:12을 보라) 그렇지 않으면 악한 영이 마음속에서 역사하는 불순종의 아들들이다(엡 2:2을 보라).

구약은 슬프게 끝을 맺는다. 하나님의 택하신 백성은 정치적으로 로마의 속국이 되었고 영적으로는 배도의 길을 가는 산헤드린에 매여 있었다. 영광은 이스라엘을 떠났으나, 아브라함의 씨가 막 등장하려는 순간이었다.

그 말씀은 육신이 되어 우리 가운데 사셨다. 우리는 그의 영광을 보았다. 그것은 아버지께서 주신, 외아들의 영광이었다. 그는 은혜와 진리가 충만하였다(요 1:14).

아브라함의 복이 세상 모든 나라로 퍼져 나가려는 참이었다.

인간 본성의 이해

구약 전체를 통하여 타락한 인간의 기본 성품을 바꾸는 사건은 전혀 일어나지 않았다. "사람의 마음이 계획하는 바가 어려서부터 악함이라"(창 8:21). 예레미야는 "만물보다 거짓되고 심히 부패한 것은 마음이라"(렘 17:9)고 했다. 율법도 이것을 바꾸지는 못했다.

> 그렇다면 율법은 [하나님의] 약속과는 반대되는 것입니까? 그렇지 않습니다. 그 중개자가 준 율법이 생명을 줄 수 있는 것이었다면, 의롭게 됨은 분명히 율법에서 생겼을 것입니다. 그러나 성경은 모든 것이 죄 아래에 갇혔다고 말합니다(갈 3:21-22).

사람들에게 지금 잘못하고 있다고 말해준다고 해서 그들에게 그 행동을 그만둘 능력이 생기는 것은 아니다. 율법은 생명을 줄 아무 능력이 없다.

여기에 바울은 더욱 낙심되는 말을 한다. "율법으로 말미암는 죄의 정욕이 우리 지체 중에 역사"(롬 7:5)한다는 것이다. 실제로 율법은 금지된 것을 해보고 싶은 충동을 일으킨다. 이 말을 믿지 못하겠다면, 이렇게 해보라. 아이들에게 이곳에는 가지 말고, 저곳은 가도 된다고 말하면, 과연 아이들은 어디로 갈까? 당연히 금지된 곳을 가고 싶어한다. 아마 그 말을 듣기 전까지는 그곳에 대해서 생각도 안 했겠지만 말이다. 금단의 열매는 언제나 더 맛있어 보이는 것이다.

율법을 내려놓는다고 죄에 대한 욕망이 해결되는 것은 아니다.

문제의 핵심은 개인의 행위나 행동양식이 아니라 인간의 본성이기 때문이다.

마음의 상태

바리새인은 당시 율법을 철저하게 지키는 도덕적 완벽주의자들이었다. 예수님은 "내가 너희에게 이르노니 너희 의가 서기관과 바리새인보다 더 낫지 못하면 결코 천국에 들어가지 못하리라"(마 5:20)고 하셨다. 예수님의 산상수훈은 진정한 의가 무엇인지를 논하고 있는데, 그것은 마음의 상태에 따라 결정된다. 이 유명한 가르침에는 다음과 같은 가르침도 있다. "또 간음하지 말라 하였다는 것을 너희가 들었으나 나는 너희에게 이르노니 음욕을 품고 여자를 보는 자마다 마음에 이미 간음하였느니라"(마 5:27-28). 이 상황에 나오는 사람은 육체적으로 간음을 저지르지는 않았으나, 정욕을 품고 쳐다본 것으로 이미 마음속으로는 간음을 한 것이다.

예수님은 계속 설교하신다. "네 오른 눈이 너로 하여금 죄를 짓게 하거든, 빼서 내버려라. … 또 만일 네 오른손이 너로 하여금 죄를 짓게 하거든, 찍어서 내버려라"(29-30절, 새번역). 눈이나 손이 우리로 하여금 죄를 짓게 하는가? 나는 그렇게 생각하지 않는다. 만약 우리가 죄를 짓는다고 우리 몸의 지체를 하나씩 잘라낸다면 우리는 몸통만 남은 채 온통 피투성이가 되어 교회 바닥을 굴러다닐 것이다. 어떤 사람들은 이 구절이, 죄를 짓지 않도록 무슨 극단의 조치라도 취하라는, 죄의 심각성을 강조하는 말씀이라고 해석한다. 그리스도를 떠나 영원히 지내는 것보다, 불구로라도 천국에 들어가는 것이 훨씬 낫다는 말이다. 그러나 나는 예수님이 그런 의미로 이 말씀을 하신 것은 아니라고 생각한다. 불붙는 열정을 식히기 위하여 찬물을 뒤집어쓴다거나 해변의 비키니를 피하려고 눈가리개를 하는 등의 육체적인 행위는 잠시 효력은 있겠지만 마음의 상태를 다루는 것은 아니다. 율법 아래 사는 것만이 우리가 할 수 있는 유일한 선택이라면 그런 행위가 필요할 것이다.

우리 속사람이 의롭지 않으면서 겉사람만 의롭게 살아가려고 노력하는 것은 마치 "겉으로는 아름답게 보이나 그 안에는 죽은 사람의 뼈와 모든 더러운 것이 가득"한 "회칠한 무덤"과 같다(마 23:27). 사람의 속으로 들어가는 것이 사람을 더럽히는 것이 아니요, 밖으로 나오는 것이 문제다.

> 속에서 곧 사람의 마음에서 나오는 것은 악한 생각 곧 음란과 도둑질과 살인과 간음과 탐욕과 악독과 속임과 음탕과 질투와 비방과 교만과 우매함이니 이 모든 악한 것이 다 속에서 나와서 사람을 **더럽게** 하느니라(막 7:21-23, 개역개정판).

바울은 이렇게 기록했다.

> 율법의 행위에 근거하여 살려고 하는 사람은 누구나 다 저주 아래에 있습니다. 기록된 바 "율법책에 기록된 모든 것을 계속하여 행하지 않는 사람은 다 저주 아래에 있다" 하였습니다. 하나님 앞에서는, 율법으로는 아무도 의롭게 되지 못한다는 것이 명백합니다. "의인은

믿음으로 살 것이다" 하였기 때문입니다. 그러나 율법은 믿음에서 생긴 것이 아닙니다. 오히려 "율법의 일을 행하는 사람은 그 일로 살 것이다" 하였습니다. 그리스도께서 우리를 위하여 저주를 받은 사람이 되심으로써, 우리를 율법의 저주에서 속량해 주셨습니다. 기록된 바 "나무에 달린 자는 모두 저주를 받은 자이다" 하였기 때문입니다. 그것은, 아브라함에게 내리신 복을 그리스도 예수 안에서 이방 사람에게 미치게 하시고, 우리로 하여금 믿음으로 말미암아 약속하신 성령을 받게 하시려는 것입니다(갈 3:10-14).

영원한 해답을 찾아

위의 갈라디아서 말씀이나 복음의 전적인 능력을 이해하지 못하면 우리는 쉽게 율법으로 되돌아간다. 우리는 순종을 요구하는 어떤 규약이나 원리에 따라 움직인다. 우리는 "그냥 'No!' 라고 하세요" "프로그램을 따라 하세요 – 그러면 됩니다"라는 말을 구호처럼 달고 다닌다. 우리 자신을 어떤 프로그램이나 기관에 맡기고, 그 담당자들의 조언을 따르려고 하며, 우리를 돕겠다고 헌신한 봉사자나 상담자에게 기꺼이 의지한다. 그러한 외부적 압력의 도움을 받거나 다른 사람의 자원을 힘입어 어떤 사람들은 상당한 수준의 발전을 이루고 회복되는데, 이는 의지력의 결과이다. 그러나 이런 외적인 도움이나 억제력을 제거하면 대부분의 사람들은 다시 옛 습관으로 돌아간다. 왜 그럴까? 그들의 마음속, 기본 본성에 진정한 변화가 일어나지 않았기 때문이다. 율법 아래 살려고 노력하거나 다른 사람들의 기대를 만족시키려고 사는 것은 결국 실패한다. 율법이란 가혹한 작업반장이요 몽학선생으로, 그 다음 단계, 즉 우리를 그리스도께 인도하기 위한 하나님의 방법이다(갈 3:24).

《연구》 1. 아담과 하와는 왜 영적으로 죽었는가? 이것이 오늘날 우리에게는 무슨 의미가 있는가?
2. 왜 나는 내 인생에 대하여 스스로에게 정직해야 하는가?
3. 아닌 척하는 위선이 중독을 극복하는 나의 능력에 어떤 영향을 주는가?
4. 마가복음 4장 22절에 따르면, 하나님은 감추인 일을 어떻게 처리하시는가?
5. 하나님의 구속계획은 무엇인가?

《주》 1. Craig Larson, *Choice Contemporary Stories and Illustrations* (Grand Rapids, MI: Baker Books, 1998), p. 72.

04 좋은 소식

| The Good News |

> 하나님은 죄에 대하여 얼마나 진노하시는가? 그것은 하나님이 죄인을 위해 준비하신 사랑의 크기에 맞먹는다. 하나님은 죄인을 용서하시고 그의 죄에도 불구하고 그를 사랑하신다.
>
> 데이빗 마틴 로이드존스

> 우리가 인식하는 것 이상으로 하나님은 더 가까이 계시고, 더 실제적이고, 더 능력 있으시고, 더 사랑이 많으시고, 더 우리를 도울 준비가 되어 있으시다. 이것이 복음의 중요한 메시지이다.
>
> 데이빗 S. 케언스

나는 언젠가 재활 중인 사람들의 모임에 초청을 받아 간 일이 있다. 그들은 얼마 전까지만 해도 거리의 사람들이었다. 그러나 이제는 모두 그리스도께 헌신하고 제자로 훈련을 받고 있었다. 내가 그들이 모인 방으로 들어섰을 때 모든 사람이 일어서서 박수갈채를 보냈다. 나는 혹시 빌리 그레이엄이라도 왔나 하여 주위를 둘러보았다. 왜 이렇게 열렬히 박수를 치는 것일까? 그들은 내게 박수를 친 것이 아니라 나의 강연에 갈채를 보낸 것이었다. 그것을 알고 나니 마음이 좀 편해졌다. 그 당시 나는 알지 못했지만, 그들은 이미 여러 해 전에 녹화한 나의 강연 테잎을 듣고 있었다.

그 강연의 메시지는 이것이었다. "여러분은 버림받은 자가 아니요, 방탕한 건달도 아니며, 술고래나 성도착증 환자도, 알코올 중독자나 약물 중독자도 여러분의 신분이 아닙니다. 여러분은 하나님의 자녀입니다." 이 메시지가 이들의 심장을 뚫고 들어간 것이다. 선포된 놀라운 진리의 말씀과 그 말씀이 내포하고 있는 강력한 메시지가, 이제껏 멍에를 지고 살아온 그들의 삶을 넘어서게 하는 유일하고 진정한 해답과 영원한 소망이 된 것이다.

하나님의 아들이 나타나신 목적은 악마의 일을 멸하시려는 것입니다. 하나님에게서 난 사람은 누구나 죄를 짓지 않습니다. 하나님의 씨가 그 사람 속에 있기 때문입니다(요일 3:8-9).

이 말씀은 우리가 그리스도 안에서 의롭게 살기 위하여 어떤 일이 일어나야 하는지를 설명하고 있다. 먼저, 우리의 본성이 변해야 한다. 둘째로 우리가 이 세상의 주관자, 악한 자를 이길 수단이 필요하다. 우리는 원래 "진노의 자녀"이었다(엡 2:3). 이전에 어둠 가운데 둘러싸여 있었던 우리는 그리스도 안에서 "빛의 자녀"(엡 5:8)로 행할 수 있게 되었다. 이렇게 우리 존재가 변화되는 것은 오직 하나님만이 하실 수 있는 일이지만, 우리를 자유케 할 진리를 믿고 의롭게 살기로 책임지는 것은 우리의 할 일이다.

바울은 우리가 허물과 죄로 죽은 상태로 태어났다고 했다(엡 2:1을 보라). 이것은 죽어 움직이지 않는 아이를 낳았다는 말이 아니라, 앞에서 언급했듯이 우리가 하나님과 분리되어 육체적으로는 살아 있으나 영적으로는 죽어 있다는 의미이다. 예수께서 오셔서 우리 각자에게 주신 생명은 아담과 하와가 범죄한 순간 잃어버린 바로 그 생명과 같은 것이다.

예수께서 말씀하셨다. "내가 온 것은 양으로 생명을 얻게 하고 더 풍성히 얻게 하려는 것이라"(요 10:10). 나는 한때 이 말씀을, 예수께서 오신 것은 이 땅에서 우리의 **물리적인** 삶을 풍요롭게 하시려는 것이라고 생각한 일이 있다. 얼마나 잘못된 생각인지! 예수님은 **영적인** 삶, **영원한** 삶을 얘기하셨고, 이 두 가지는 모두 그분 안에서 발견되는 것이다. 영적인 삶은 우리 영이 하나님과 연합되어 있을 때 시작된다. 우리는 그리스도 안에서 살아 있다. 예수님의 말씀은 요한복음 10장 10절로 끝나지 않고 계속하여 "나는 부활이요 생명이니 나를 믿는 자는 [육체적으로] 죽어도 [영적으로] 살" 것이라고 이어진다(요 11:25). 다시 말하면 거듭난 신자는 그리스도 안에 살아 있고, 우리 영은 계속 생명을 누리며, 육신이 죽은 후에도 여전하다는 것이다.

온전한 복음

많은 그리스도인이 복음이 선포하는 내용을 부분적으로만 이해한다. 그들은 예수께서 그들의 죄를 위해 죽으러 오신 메시야라고 믿으며, 예수를 믿으면 죽어서 천국에 간다는 사실을 안다.

여기에 무슨 잘못이 있는가?

첫째로, 이 불완전한 그림은 영생이 우리가 죽을 때 얻게 되는 어떤 것이라는 인상을 줄 수 있는데, 사실은 그렇지 않다. 요한일서 5장 12절을 읽어보라. "아들이 있는 자에게는 생명이 있고 하나님의 아들이 없는 자에게는 생명이 없느니라." 하나님의 자녀는 누구나 **지금**, **현재**, 그리스도 안에서 살아 있다.

> 아버지께서 우리를 암흑의 권세에서 건져내셔서, 자기의 사랑하는 아들의 나라로 옮기셨습니다. 우리는 그 아들 안에서 구속 곧 죄 사함을 받았습니다(골 1:13-14).

둘째로 일반적으로 알려져 있는 복음은, 우리의 죄를 위하여 십자가에서 죽으신 그리스도를 강조하면서 그의 부활은 부차적인 것으로 치부하거나 간과하는 경향이 있다. 그런데 사실은 부활이야말로 신자들에게 새 생명을 주는 것이다. 만약 죽은 사람을 살리기 원한다면 어떻게 해야 하는가? 그에게 생명을 주면 될까? 다시 생명을 주는 것으로 끝난다면 그는 언젠가 다시 죽을 것이다. 죽은 사람을 살리려면 그 이상의 무엇이 필요하다. 우선, 그를 죽음에 이르게 한 질병을 고쳐야 할 것이다. 이 질병에 대해 바울은 "죄의 삯은 죽음이요"(롬 6:23, 새번역)라고 썼다.

그렇다, 예수는 십자가로 가셔서 우리 죄를 위하여 죽으셨다. 이것이 복음의 전부인가? 결단코 그렇지 않다. 예수는 우리가 그의 안에서 새 생명을 얻게 하려고, 부활하셨다. 이제 로마서 6장 23절을 끝내자. "하나님의 선물은 우리 주 예수 그리스도 안에서 누리는 영원한 생명입니다." 우리가 "그리스도 안에서" 살아 있다는 사실은 우리 모두가 적용해야 할 꼭 필요한 진리이며 우리의 유일한 소망이다. 이 진리는 다음 한 절로 요약된다. "이 비밀은 너희 안에 계신 그리스도시니 곧 영광의 소망이니라"(골 1:27). 그리스도 안에서 누리는 우리의 새 생명과 새로운 신분은 죄를 넘어 승리하리라는 보증이 된다. 이 사실은 다음 5, 6장에서 살펴볼 것이다.

셋째, 예수께서 오신 것은 사단의 일을 무효화하기 위함이란 사실이 복음을 완전한 것으로 만든다. 내가 제3세계에서 말씀을 전할 때 보니, 사람들은 복음의 이 부분에 상당한 관심을 보였다. 그들은 이제껏 수많은 신들을 달래거나 악령을 쫓기 위하여, 채소부터 사람까지 다양한 제물을 바쳐왔다. 이들은 영적인 세계를 조정해 보려고 샤먼(무당)이나 주술치료사들에게 의지한다. 그들이 섬겨온 이 모든 영들을 그리스도께서 무장해제 시키셨다고 내가 말하면 그들은 환호한다. 그리스도 안에서 그들은 이제껏 섬겼던 모든 신을 능가하는 권위를 갖는다. 이 진리는 우리 죄가 용서 받았다는 사실만큼 중요한 복음의 한 부분이다. 또 우리가 우리 마음속에서 일어나는 전쟁에 승리하려면 꼭 알아야 할 사실이기도 하다. 이 내용은 이 책의 뒷부분에서 자세히 다루기로 한다.

그리스도 안에서 확신을 발견하는 길

우리는 그리스도 안에서 살아 있기 때문에 우리 안에 하나님의 영을 가졌다. 우리는 하나님께 전적으로 의지하여 사는 법을 배워야 한다. 그리스도를 발견하기 전까지 우리는 부모님이나 정부, 의사,

상담가 들을 의지하고 살았다. 우리는 약물을 의지하고, 우리 자신을 의지했다. 우리가 구원 받은 후에도 여전히 이런 것들을 의지하기로 선택할 수 있다. 그러나 이런 모든 유혹은 우리로 하나님을 떠나 살도록 하려는 사단의 시도라는 것을 알아야 한다.

미혹하는 자 사단은 교활하다. 사단은 우리를 속여 우리가 무슨 프로그램이나 전략이나 또는 다른 사람들을 의지하게 한다. 그는 또 우리가 스스로 우리 삶을 주장할 수 있다고 확신하게 만든다. 그러나 그의 진짜 속셈은 우리가 하나님 외의 다른 것에 확신을 두게 하려는 것이다.

> 우리가 이런 일을 할 수 있는 자격이 우리에게서 났다고 생각하지 않습니다. 우리의 자격은 하나님에게서 납니다. 하나님께서 우리에게 새 언약의 일꾼이 되는 자격을 주셨습니다. 이 새 언약은 문자로 된 것이 아니라, 영으로 된 것입니다. 문자는 사람을 죽이고, 영은 사람을 살립니다(고후 3:5-6).

바울은 율법 아래서 확신에 차 있었으나 그리스도가 개입을 하셨다. 다메섹 도상에서 쓰러진 다음에야 사도는 이런 말을 할 수 있었다. "하나님의 영으로 예배하며, 그리스도 예수 안에서 자랑하며, 육신을 의지하지 않는 우리들이야말로, 참으로 할례 받은 사람입니다"(빌 3:3, 새번역). 그리스도를 떠나서는 우리가 우리의 본성을 바꿀 수 있는 능력이 전혀 없을 뿐 아니라, 영원을 위한 아무 열매도 맺을 수 없다(요 15:5을 보라).

그리스도 안에 살아 있는 우리는 또한 하나님이 우리의 모든 필요를 채우시리라는 확신이 있다(빌 4:19을 보라). 결국 인생을 장기적으로 볼 때 술, 마약, 도박, 섹스 등의 중독을 벗어나려는 어떤 시도도, 우리 삶의 가장 기본적인 필요를 충족시키지 않는 한은 무위로 돌아갈 것이 분명하다. 나의 저서 《Who Am I in Christ》에서, 나는 그리스도께서 어떻게 우리 삶의 가장 긴요한 필요를 채우시는지를 보여주려 했다. 이 '긴요한 필요'를 나는 "존재적" 필요(욕구)라고 부르는데, 여기에는 생명, 정체성, 용납, 안전, 존재가치 등이 포함된다. 다음에 요점과 이를 뒷받침하는 성경구절을 정리하였다. 크게 소리를 내어 읽어보라.

그리스도 안에서

나는 용납되었다

요 1:12	나는 하나님의 자녀이다.
요 15:15	나는 그리스도의 친구이다.
롬 5:1	나는 의롭게 되었다.
고전 6:17	나는 주님과 연합하여 한 영이 되었다.
고전 6:19-20	나는 값을 치르고 사신 바 되었다. 나는 하나님께 속해 있다.
고전 12:27	나는 그리스도의 몸의 한 지체이다.
엡 1:1	나는 성도이다.
엡 1:5	나는 하나님의 자녀로 입양되었다.

엡 2:18	나는 성령을 통하여 하나님께 직접 나아갈 수 있다.
골 1:14	나는 속량(구속)되었고 내 모든 죄를 용서 받았다.
골 2:10	나는 그리스도 안에서 충만함을 받았다.

나는 안전하다

롬 8:1-2	나는 모든 정죄를 벗어났다.
롬 8:28	나는 모든 일이 합력하여 선을 이룰 것을 확신한다.
롬 8:31-34	나는 내게 대한 모든 송사로부터 자유하다.
롬 8:35-39	나는 하나님의 사랑으로부터 떨어질 수가 없다.
고후 1:21-22	나는 굳건하게 세움 받았고, 기름부음 받았으며 하나님께 인침을 받았다.
빌 1:6	나는 하나님이 내 속에 시작하신 착한 일이 완성될 것을 믿는다.
빌 3:20	나는 천국의 시민이다.
골 3:3	나는 그리스도와 함께 하나님 안에 감추어 있다.
딤후 1:7	나는 두려워하는 영이 아니라, 능력과 사랑과 절제하는 마음을 받았다.
히 4:16	나는 필요할 때 은혜와 자비를 얻을 수 있다.
요일 5:18	나는 하나님께로서 났으며, 악한 자가 나를 건드리지도 못한다.

나는 중요한 인물이다

마 5:13-14	나는 세상의 빛과 소금이다.

요 15:1, 5	나는 참 포도나무의 가지요, 하나님의 생명의 통로이다.
요 15:16	나는 택함을 받아 열매를 맺도록 지정되었다.
행 1:8	나는 그리스도를 인격적으로 증거하는 사람이다.
고전 3:16	나는 하나님의 성전이다.
고후 5:17-21	나는 사람들을 하나님과 화목하게 하는 직책을 맡았다.
고후 6:1	나는 하나님의 동역자이다(고전 3:9을 보라).
엡 2:6	나는 그리스도와 함께 하늘에 앉아 있다.
엡 2:10	나는 하나님의 작품이다.
엡 3:12	나는 자유와 확신을 가지고 하나님께 나아갈 수 있다.
빌 4:13	나는 내게 힘주시는 그리스도 안에서 모든 것을 할 수 있다.

어떤 사람들은 이렇게 생각할 수도 있겠다. '여기 이것들을 모두 믿는다면 나는 교만해질 거야!' 그렇지 않다. 오히려 이것들 모두를 하나하나 믿지 않으면 우리는 패배할 수밖에 없다. 성경에 근거한 이 분명한 선언은 우리가 무엇을 했기 때문에 이루어진 사실이 아니다. 그리스도께서 우리를 위하여 이루신 일 때문에 이 선포는 사실이 되었고, 이것만이 우리가 이 사실을 믿음으로 받을 수 있는 유일한 길이다. 우리는 모두 하나님의 풍성한 유산을 상속받았고, 그리스도 안에서 승리의 삶을 살 수 있는 능력을 갖고 있다. 우리의 문제는 우리가 이 사실을 온전히 붙들지 못한다는 것이다.

그래서 바울은 이렇게 기록했다.

[여러분의] 마음의 눈을 밝혀 주셔서, 하나님의 부르심에 속한 소망이 무엇이며, 성도들에게 베푸시는 하나님의 영광스러운 상속이 얼마나 풍성한지를, 여러분이 알게 되기를 바랍니다. 또한 믿는 사람들인 우리에게 강한 힘으로 활동하시는 하나님의 능력이 얼마나 엄청나게 큰지를, 여러분이 알기 바랍니다(엡 1:18-19).

내가 하나님의 자녀라는 확신

내가 어떤 교회수련회에 강사로 초청받아 갔을 때, 중독자 재활 프로그램을 섬기는 한 평신도 지도자가 이런 이야기를 했다. "저는 이번 수련회에 권총을 품고 왔습니다. 만약 이번에도 그리스도 안에서 누리는 자유함을 찾지 못하면 총구를 입에 넣고 방아쇠를 당길 생각이었습니다." 이 가련한 형제는 수년 전에 중독을 끊고 맑은 정신으로 살고 있었지만, 자유를 경험하고 있지는 못했다. 지도자의 위치에 있었지만 아직 문제를 완전히 해결하지 못한 그로서는 오히려 그것이 더 마음을 힘들게 했다. 그는 내게 말했다. "저는 하나님의 자녀로서 내가 누구인지 전혀 몰랐습니다."

이와 마찬가지로 중독의 멍에를 벗어나려고 애쓰는 대부분의 사람들은 자신이 그리스도 안에 있으며 하나님의 자녀라는 것이 무슨 의미가 있는지 이해하지도 못하고, 그렇기에 확신도 없다. 내가 〈그리스도 안의 자유〉 사역을 하면서 만난 사람들, 특히 그 중에서도 술, 마약, 섹스 등에 노예가 된 사람들은 하나같이 그것을 깨닫지 못하고 있었다. 도움을 구하는 이들의 자아개념은 극히 부정적이었다. 형제들을 참소하는 자 사단은 아주 의기양양했다. 치료를 받는 사람들은 스스로를 중독자나 공동의존자로 인정하고 받아들였다. 이와 같이 그들은, 자신에게 문제가 있다는 것을 인정하지 않으면 아무도 그들을 도울 수 없으며 아무런 도움도 받을 수 없다고 가르치는 진부한 지혜에 굴복한다. 물론 자신의 문제를 시인하는 것은 필요하지만, 그리스도인이라면 자신의 문제로 자신을 규정하고 그에 따라 스스로 비하하는 언사를 해서는 안 된다. 이들은 멍에를 벗어버리려고 애를 쓰고 있는 하나님의 자녀이다. 그들은 진노하시는 하나님의 손 안에 떨어진 죄인이 아니라, 죄를 지었지만 사랑하시는 하나님의 손 안에 안식하고 있는 성도이다.

이것은 언어유희도 아니고, 신학적으로 별로 지지받지 못하는 소수 견해도 아니다. 내가 칙칙한 죄 문제를 어물쩍 넘어가려는 것도 아니다. 내가 확신하는 것은, 스스로 실패자라는 이름표를 붙이는 행위는 성령이 우리에게 붙이시려는 이름표와 상반된다는 것이다. "성령이 친히 우리의 영과 더불어 우리가 하나님의 자녀인 것을 증거하시나니"(롬 8:16).

그리스도인들이여! 다음 구절에 따르면 당신은 누구인가?

그러나 그를 맞아들인 사람들, 곧 그 이름을 믿는 사람들에게는, **하나님의 자녀가 되는 특권을 주셨다**(요 1:12).

고린도에 있는 하나님의 교회에 이 편지를 씁니다. 그리스도 예수 안에서 거룩하여지고 **성도로 부르심을** 받은 **여러분**에게 문안드립니다. 또 각처에서 우리 주 예수 그리스도의 이름을 부르는 모든 이들에게도 아울러 문안드립니다. 예수 그리스도는 이 사람들의 주님이시며 우리의 주님이십니다(고전 1:2).

여러분은 모두 그 믿음으로 말미암아 그리스도 예수 안에서 **하나님의 자녀들입니다**; 그런데 여러분은 자녀이므로, 하나님께서 그 아들의 영을 우리의 마음에 보내주셔서 우리가 하나님을 "아빠, 아버지"라고 부를 수 있게 하셨습니다(갈 3:26, 4:6).

그러나 여러분은 **택하심을 받은 족속**이요, **왕과 같은 제사장들이요**, **거룩한 민족이요**, **하나님의 소유가 된 백성**입니다. 그래서 여러분을 어둠에서 불러내어 자기의 놀라운 빛 가운데로 인도하신 분의 업적을, 여러분이 선포하는 것입니다. 여러분이 전에는 하나님의 백성이 아니었으나, 지금은 하나님의 백성이요, 전에는 자비를 입지 못한 사람이었으나, 지금은 자비를 입은 사람입니다(벧전 2:9-10).

아버지께서 우리에게 얼마나 큰 사랑을 베푸셨는지를 생각해 보십시오. 하나님께서 우리를 자기의 자녀라 일컬어 주셨으니 우리는 **하나님의 자녀**입니다. 세상이 우리를 알지 못하는 까닭은 하나님을 알지 못하기 때문입니다. 사랑하는 여러분, 이제 우리는 하나님의 자녀입니다. 앞으로 우리가 어떻게 될지는 아직 밝혀지지 않았습니다만, 그리스도께서 나타나시면, 우리도 그와 같이 될 것임을 압니다. 그 때에 우리가 그를 참모습대로 뵙게 될 것이기 때문입니다. 그에게 이런 소망을 두는 사람은 누구나, 그가 깨끗하신 것과 같이 자기를 깨끗하게 합니다(요일 3:1-3).

요한일서 3장 1-3절은 그리스도 안에서 우리의 진정한 신분을 아는 것이 왜 그렇게 중요한지를 보여준다. 사람들은 스스로 자각하고 있는 자기 신분과 다른 방식으로는 일관되게 행동할 수가 없다. 스스로 패배자요 중독자라고 생각한다면 이런 믿음은 마치 예언처럼 결국 그 사람을 그렇게 만든다.

우리가 무엇을 하느냐가 우리가 누구인지 결정하는 것이 아니다. 우리가 누구이며 우리가 우리 자신을 어떻게 바라보느냐 하는 것이 우리가 무슨 일을 할지를 결정한다. 우리의 문화에서는, 자신이 하는 일에서 자기의 정체성을 찾으려는 경향이 있다. 이러한 경향은 남자들에게서 특히 강하게 나타나지만 여자들에게도 적용된다. 우리는 목수요, 트럭 운전수요, 교사요, 변호사요, 엔지니어이다. 그렇다면 우리가 직업을 잃는다면 어떻게 되는가? 우리 자신도 없어지는가? 우리는 이와 똑같은 원리를 죄에도 적용하려 한다. 우리가 죄를 범하니, 우리는 죄인일 수밖에 없는 것이다. 우리가 트림을 하고 재채기를 한다고 그것이 나의 신분에 영향을 미쳐서, 내가 '트림가', '재채기인'이 되겠는가? 성경에 따르면 우리는 트림 하고 재채기 하고 죄 짓기를 선택하는 성도일 뿐이다. 만약 우리가 죄인이면, 죄를 짓는 것 외에 다른 일을 하리라는 희망이 가능하겠는가?

암에 걸린 사람을 암이라고 부르거나 수두에 걸린 사람에게 수두라고 부르는 경우는 없다. 암 환자가 암 병동에서 벌떡 일어나 "안녕하십니까, 저는 프레드입니다. 저는 암적인 존재입니다"라고 말하지 않는다. 암 환자는 그냥 "안녕하세요, 저는 프레드입니다. 저는 암에 걸렸습니다"라고 말할 것이다. 그는 문제를 갖고 있는 **것이지, 그 자신이 문제는 아니다.**

그리스도인은 문제를 갖고 있을지라도, 그 자신이 문제는 아니다. 존재 자체가 문제라면 이것을 해결할 도리가 없다. 만약 그렇다면 문제를 없애기 위하여 그리스도인들을 제거해야 할 것이다.

그리스도인은 의로운 삶을 살아야 하지만 그 책임을 회피하고 거절하는 삶을 살면서 스스로 문제를 일으킬 수도 있다. 그러나 중독 증세를 고치려고 노력하는 그리스도인이라면 이렇게 말해야 한다. "안녕하세요, 저는 프레드라고 합니다. 저는 하나님의 자녀입니다. 지금은 죄와 싸우고 있습니다만 곧 이 문제를 극복하고 그리스도 안에서 자유롭게 살 수 있을 것입니다. 저는 죄에 대하여 죽었고 그리스도 예수 안에서 하나님을 향하여 살아 있기 때문(롬 6:11)입니다."

왜 중독으로 시달리는 그리스도인에게 우리 그리스도인들은 중독자라는 딱지를 붙이는가? 이런 습관은 세속세계로부터 그냥 가져온 것일까? 불신자들은 스스로를 하나님의 자녀라고 말할 수 없는데, 사실이 그렇기 때문이다. 그러나 나는 그들 역시 자신의 중독 증세에 따라 자신의 정체성을 규정해서는 안 된다고 생각한다.

그들은 그냥 "안녕하세요, 저는 프레드입니다. 저는 술이 정말 문제랍니다"라고 말하는 것이 좋을 것이다.

12단계 프로그램

전 세계적으로 많은 사람들이 의지하고 있는 12단계 프로그램은 원래 기독교 프로그램으로, 성경의 하나님을 더 큰 능력, 더 높은 권위로 인정하는 내용이다. 참가자들은 순전한 회개와 하나님을 믿는 믿음을 통하여 그리스도 안에서 자유를 찾아나간다. 이 프로그램이 너무나 효과적이어서 다른 종교의 사람들이나 하나님을 믿지 않는 사람들까지도 이것을 사용하기 원하였다. 그들은 사람들을 자유롭게 하는 것이 프로그램 그 자체라고 생각한다. 그렇지 않다. 역사하는 것은 하나님이지, 무슨 알지 못하는 큰 능력이 아니다. 하나님을 믿지 않는 세상 사람들은 이 프로그램을 도입하여 세속화시켜 버렸다. 그 결과로 많은 사람들이 도움을 받아 책임감 있는 삶을 살게 되고, 어떤 사람들은 순전히 의지력으로, 그리고 지원그룹의 도움으로 맑은 정신을 되찾게 되었다. 그러나 그들은 그리스도 안에서 삶을 얻고 자유를 찾은 것은 아니다.

기독교 재활 사역을 하는 많은 이들이 12단계를 재활과정의 기본적인 도구로 사용하려고 다시 수정을 가해왔다. 그들은 그리스도를 더 높은 권위로 인정하고 각 단계마다 성경구절을 추가하지만, 많은 경우 그들은 그저 프로그램을 운영하고 있다. 나는 그들의 노고를 치하하며, 그리스도 안에서 한 가족 된 나의 형제자매들

AA의 12단계 프로그램

1단계 [시인 및 수용] 나는 술을 조절할 수 없으며 나의 생활을 수습할 수 없었음을 시인하였다.
2단계 [확신] 나 자신보다 더 큰 힘(신)만이 나를 본정신으로 회복시킬 수 있음을 확신하게 되었다.
3단계 [신께 기꺼이 맡김] 내가 이해하는 신의 돌보심에 나의 의지와 나의 삶을 맡기기로 결단했다.
4단계 [마음의 상처들을 검토] 철저하고 두려움 없이 나의 도덕적 과오를 드러냈다.
5단계 [고백] 내가 신과 나 자신과 다른 사람에게 잘못한 것들을 시인하고 고백했다.
6단계 [성격 검토] 신께서 나의 이러한 성격상의 약점을 모두 제거해 주시도록 나는 완전히 준비했다.
7단계 [단점 없애기] 겸손한 마음으로 신께 나의 인격적 결함을 제거해 주시기를 구했다.
8단계 [보상목록 작성] 내가 해를 끼친 모든 사람의 명단을 작성하고 그들 모두에게 기꺼이 보상할 용의를 갖게 되었다.
9단계 [보상] 그들이나 다른 이들에게 해가 되지 않는 한, 최대한 그들에게 직접적으로 보상했다.
10단계 [매일 평가목록 작성] 계속적으로 나 자신의 평가목록을 작성하며, 잘못이 있을 때는 그 즉시 시인하였다.
11단계 [기도와 명상] 기도와 명상을 통해서 내가 이해하는 신과 의식적인 접촉을 증진하려고 노력했다. 나를 향한 그분의 뜻을 알도록, 또 그 뜻을 이행할 수 있는 힘을 주시도록 기도했다.
12단계 [실천, 봉사] 이러한 단계들을 이행한 결과, 나는 영적으로 각성되었다. 나는 이 메시지를 다른 알코올 중독자들에게 전하고 이 원칙들을 우리 생활의 부분에서 실천하려고 노력했다.

편집자 주 미국의 알코올 중독자 재활 단체인 AA(Alcoholics Anonymous)의 12단계 프로그램 소개글을 정리한 것입니다.

을 비판할 생각은 없지만, 그들의 접근 방법에 몇 가지 우려되는 부분이 있음을 부인할 수 없다.

불완전한 메시지

내 우려 중의 하나는 그 프로그램의 메시지가 불완전하다는 것이다. 각 단계가 기독교적 관점으로 주의깊게 전달된다면 12단계 프로그램에 잘못될 것은 없다고 생각한다. 그러나 이미 언급했듯이, 그들을 공개적으로 실패자로 규정하는 것에 나는 동의할 수 없다.

그리스도 안에서의 우리 신분과 정체성을 아는 것은 중독 증세를 극복하는 데 절대적으로 중요한 것인데, 그들의 프로그램에는 이것이 분명히 빠져 있다. 이 프로그램에는 '용서를 구하는 단계'가 있고, 이것은 대단히 중요하지만, 그리스도 안에서 자유를 발견하는 데 꼭 필요한 '다른 사람을 용서하는 단계'는 없다. 책임감 있는 그리스도인이라면 얼마든지 이 부분을 고칠 수 있을 것이다. 그러나 또 다른 심각한 점을 간과했는데, 그것은 그들이 지금 영적인 전쟁을 치르고 있다는 사실이다. 이 문제는 사람들에게 성경적인 이해가 없을 경우 고치기 어려운 내용이다.

성경을 이해해야 하는 이유

또 하나 우려되는 점은 프로그램에 임하는 태도 그 자체이다. 기독교 상담이나 그리스도 안에서의 회복이란 것은 우리가 배워야 하는 테크닉(전문 기술)이나 따라하면 되는 프로그램이 아니다. 기독교 상담이란 하나님을 만나는 과정이다. 하나님은 놀라우신 조언자(기묘자와 모사)요, 갇힌 자에게 자유를 주고, 상한 자를 고치시는 유일한 분이시다(사 9:6, 61:1을 보라). 그분만이 진리를 알게 하는 회개를 허락하시고, 그로써 올무에서 벗어나게 하신다(딤후 2:24-26을 보라).

그리스도, 그분의 인격 안에 있는 진리가 사람들을 자유케 하는 것이지 무슨 프로그램이나 전략이나 인간의 노력이 우리를 자유케 하는 것은 아니다. 예수만이 오직 길이요, 오직 진리요, 유일한 방법이 되어 우리로 영적인 생명을 얻고 죄의 멍에를 벗을 수 있게 한다(요 14:6을 보라). 이와 동일한 논리로, 제자훈련이란 것도 그냥 커리큘럼이나 프로그램을 따라가는 것이 아니다. 제자훈련이란 하나님의 말씀에 근거하여 우리 안에 서로 그리스도의 생명을 세워 가는 과정으로, 하나님의 임재로만 가능하다. 이 차이를 받아들일 때에야 우리는 다른 태도를 가지고, 멍에를 지고 고통 가운데 사는 사람들을 돌볼 수 있다.[1]

이것을 쉽게 설명하기 위하여 요한복음 15장 8절을 보자. "너희가 열매를 많이 맺으면 내 아버지께서 영광을 받으실 것이요 너희는 내 제자가 되리라." 전후 내용을 잘 모르면, '우리는 열매를 맺어야 한다'는 뜻이라고 쉽게 결론내릴 수 있다. 그러나 사실은 그렇지 않고, '우리가 그리스도 안에 거해야 한다'는 내용이다. 우리가 그리스도 안에 거하면 우리는 열매를 맺을 것이다. 열매를 맺는다는 것은 우리가 그리스도 안에 거한다는 증거이다. 우리는 자주, 그리스도 안에 거하지는 않으면서 열매를 맺으려고 애를 쓴다. 우리가 프로그램을 운영하려 할 때 이런 일이 발생한다. 프로그램 자체로는 결실하지 않는다. 그것으로는 갇힌 자를 자유케 할 수도,

상한 자를 싸맬 수도 없다.

그렇다고 모든 기독교 프로그램이나 전략을 없애자는 것은 아니다. 단지, 그리스도의 임재를 수용하지 않는다면 아무리 목적과 의도가 훌륭하다 해도 열매를 맺을 수 없다는 점을 지적하려는 것이다. 그리스도가 임재하시면 어떤 프로그램이나 전략도 성공한다. 그러나 물론 심사숙고하여 만든 프로그램과 전략에 그리스도가 임재하시면, 생각이 부족한 프로그램보다 더 열매를 맺는다.

좋은 소식을 믿고, 마음에 간직하라

진리는, 그리스도가 내 안에 계시고, 이 진리를 깨달으면 자유를 얻는다는 것이다. 유명한 선교사 허드슨 테일러는 이 사실을 깨닫고 희열에 넘쳐 다음과 같이 기록했다.

> 나는 하나님께 더 가까이 하여 살지 않는다는 죄의식과 불안과 나의 뻔뻔함을 느꼈다. 나는 기도하고, 고민하고, 금식하고, 전력을 다해 보고, 결심을 하고, 성경을 더 열심히 읽고, 더 많은 시간을 들여 묵상을 했지만 아무 소용이 없었다. 매일, 거의 매시간, 죄에 대한 인식은 나를 짓눌렀다.
> 내가 그리스도와 함께 거하기만 한다면 모든 것이 문제가 없을 것을 알았지만 나는 그렇게 할 수 없었다. … 매일 죄와 실패와 무능력으로 하루가 시작되었다. 내 안에 그러려는 의지는 있었지만, 어떻게 그것을 할 수 있는지는 발견할 수 없었다. … '구원의 길은 없는 것

일까?' 하는 생각이 들었다. … 나는 나 자신과 죄를 증오했지만, 그것을 이길 힘이 없었다. …

이런 시간 내내, 나는 그리스도 안에 내 모든 필요가 있다는 확신을 느끼고는 있었지만, 실제적인 질문은 어떻게 그것을 얻을 수 있느냐는 것이었다. … 나는 믿음을 가지려고 애를 썼지만 믿음은 오지 않았다. … 믿음을 달라고 간절히 구했지만 오지 않았다. 이제 어떻게 해야 하나?

내 영혼의 고통이 극한에 이르렀을 때, 문득 떠오른 친구의 편지 한 구절이 내 눈의 비늘을 벗겨냈다. 여태껏 내가 알지 못했던 진리 곧 예수와 내가 하나로 연합되어 있다는 진리를 하나님의 영이 내게 보여주셨다. "그러나 어떻게 우리 믿음을 견고히 하겠는가? 믿음을 애써 추구할 것이 아니라, 신실하신 분을 의지함으로 하게나."

이것을 읽고 나는 모든 것을 볼 수 있었다! "우리가 믿지 않을지라도, 그는 일향 미쁘시다." 나는 예수님을 바라보았고 … 그의 음성을 들었다. "내가 결코 너를 떠나지 아니하리라." 그때에 나는 이렇게 생각했다. '나는 그분 안에 거하기 위하여 무진 애를 썼다. 이제는 애쓰지 않으리라.'

내가 전보다 더 나아진 것은 아니다. 어떤 면에서는 그것을 바라지도 않는다. 그러나 나는 죽었고, 그리스도와 함께 장사되었고, 아, 그리고 부활했다! 그리고 이제 내 안에 그리스도께서 살아 계시다. … 하나님이 우리를 그리스도와 하나 되게 하셨고, 그 몸의 지체가 되게 하셨는데, 그분이 멀리 계시다고 생각하지 말자. 또 이런 경험이나 이런 진리가 몇몇 사람에게만 주어진다고 생각해서도 안 될 것이다. 이것들은 하나님의 자녀 누구에게나 태어나면서 주어지는 것으로서, 우리를 죄로부터 구원하고 진정한 봉사를 하게 하는 유일한 능력이다.2

〈연구〉

1. 당신은 그리스도께 당신의 삶을 헌신했는가? 아니라면, 그에게 전적으로 맡기지 못하는 이유가 무엇인가?
2. 신자로서 그리스도의 부활이 당신에게 주는 의미는 무엇인가?
3. 그리스도 안에서 당신의 정체성과 신분을 아는 지식이 죄의 멍에를 벗는 데 무슨 능력을 주겠는가?
4. 재활 프로그램과 그리스도를 만나는 것의 차이는 무엇인가?

〈주〉

1. 그리스도 안에 있는 우리의 정체성에 대한 좀더 깊은 논의는 닐 앤더슨과 데이브 파크가 쓴 《부정적인 자아상을 극복하기 위한 내가 누구인지 이제 알았습니다》를 보라. 상담과정에 그리스도의 임재를 포함하는 방법을 이해하려면 닐 앤더슨의 책 《Discipleship Counseling》(Ventura, CA: Regal Books, 2003)을 참고하라.
2. 하워드 테일러 부부의 《허드슨 테일러의 생애》(생명의 말씀사 역간)에서 인용.

05 죄에 대한 승리

| Victory over Sin |

네 영혼을 내게 넘겨라, 그러면 대신 능력을 주리라.' 이것은 마술사의 상술이다. 그러나 일단 우리 영혼, 곧 우리 자신을 포기하고 넘겨주면, 그 대가인 능력이란 것도 더 이상 우리에게 속한 것이 아니다. 우리는 우리 영혼을 넘겨준 그에게 실제로 노예이자, 꼭두각시로 전락하는 것이다.

C. S. 루이스

그리스도를 죽음에서 살린 바로 그 능력이 그리스도의 소유 된 우리 가운데 역사하고 있다. 부활은 지금도 계속되는 사건이다.

레온 모리스

수년 전에 한 일반 대학의 교수가 나를 초청하여, '결혼과 가정에 대한 기독교의 도덕기준'이란 주제로 강연을 부탁했다. 강의실에 가서 보니 대부분 젊은 여성들이었다. 그 중에 남학생이 한 명 앉아 있었는데, 그는 일부러 한쪽 구석에 자리를 잡고 앉아서 나에게 무언의 항의시위를 하고 있었다. 그는 앉아서 신문을 보다가 이따금 저속한 말을 중얼거리며 나의 강의를 방해했다.

한 젊은 여성이 내게 그리스도인들은 자위행위를 어떻게 생각하느냐고 물었다. 내가 무슨 대답을 하기도 전에 그 청년이 한쪽 구석에서 "나는 매일 그 짓을 합니다!"라고 대꾸했다.

"잘하는군요." 나는 그렇게 말하고, "그럼, 그 짓을 그만둘 수도 있습니까?"라고 물었다.

강의가 다 끝나고 학생들이 모두 강의실을 떠날 때까지 나는 그에게서 아무 소리도 듣지 못했다. 이윽고 그 학생이 강의실을 나가면서 내게 "왜 내가 그만두기를 원하겠어요?"라고 물었다.

"내가 질문한 것은 그것이 아닐세. 자네가 그만둘 수 있었느냐고 물었네. 자네가 생각하는 자유란 것은 사실 전혀 자유가 아니라 단지 성적인 속박일 뿐이라네."

선택

어떤 이들은 자유라는 것을, 자기의 일을 마음대로 결정하고 선택하며 스스로 자유로운 도덕의 대리자가 될 권리라고 정의한다. 아무 법칙도 없다! 아무 규율이 없다! 아무 제약이 없다! "나는 내가 원하는 것은 무엇이나 할 수 있다"는 주장이, 자유주의자들이 스스로 결정할 권리를 방어하는 도구이다. "내가 술을 마시고 싶으면, 나는 술을 마신다." 이 사람들은 자신들이 얼마나 죄에 깊이 매여 있는지 조금도 눈치채지 못한 것 같다. 자유란 무엇을 선택하느냐만이 아니라, 그 선택의 결과와 항상 연결된다는 것을 알아야 한다.

나는 거짓말을 할 "자유"가 있다고 하지만, 그 선택의 노예가 될 것이라고는 생각하지 않는가? 내가 누구에게 무슨 거짓말을 했는지 기억해 두어야 할 것이기 때문이다. 내가 은행을 털 "자유"가 있다고 하지만, 이후 평생토록 그 행위에 얽매여 살게 되지 않을까? 나는 항상 두리번거리며 언제 붙잡힐지 모르는 불안한 삶을 살 것이다. 밤새도록 술을 마실 자유, 거리의 여인과 밤을 보낼 자유, 마약을 복용할 자유가 있으나 그 결정 하나하나에 따르는 결과 또한 책임지고 살아가야 한다. 1960년대의 '자유연애free love' 문화는 그 후 수십 년간 성 중독을 만연시켰다. 그것은 자유가 아니라 사람을 구속하는 방종일 뿐이다. 우리가 술을 마시고, 마약을 복용하고, 음란하게 살 수 있는 권리가 있느냐 없느냐는 궁극적인 논제가 아니다. 우리가 그런 행위를 끝낼 수 있느냐가 진정한 논제이다.

스스로를 자신의 신이라고 생각하고 행동하는 사람은 누구든지 육신의 종이다. 인류의 타락으로 우리는 죄의 노예 시장에 팔려 나갔다. 예수님은 우리를 어둠의 왕국으로부터 값을 치르고 사서, 우리 자신으로부터 우리를 구원해 내셨다.

> 여러분의 몸은 여러분 안에 계신 성령의 성전이라는 것을 알지 못합니까? 여러분은 성령을 하나님으로부터 받아서 모시고 있습니다. 여러분은 여러분 자신의 것이 아닙니다. 여러분은 하나님께서 값을 치르고 사들인 사람입니다. 그러므로 여러분의 몸으로 하나님을 영화롭게 하십시오(고전 6:19-20).

우리는 이제 더 이상 죄의 노예가 아니다. 우리는 주 예수 그리스도께 매인 종이다. 우리가 이 진리를 발견하고 나의 것으로 삼을 때라야, 우리는 우리를 자유 가운데 살게 하는 그런 선택을 할 수 있게 된다. 그리스도께서 십자가에서 우리의 값을 치르고 우리에게 이 자유를 사 주신 것이다.

그리스도 안의 자유를 꼭 품자

자유는 하나님의 자녀로서 누리는 가장 실질적인 유익이다. 죄의 노예가 되는 것은 속박이다. 그러나 그리스도께 속한 종이 되는 것은 세 가지 면에서 자유로워지는 것을 의미한다.

율법으로부터의 자유

첫째로 우리는 율법으로부터 자유롭다. 갈라디아서 5장 1절은 이렇게 기록되어 있다. "그리스도께서 우리로 자유롭게 하려고 자유를 주셨으니 그러므로 … 다시는 종의 멍에를 메지 말라." 율법의 채찍에 휘둘리는 율법주의자들은 일평생 저주와 정죄를 느끼며 살지만, 성령으로 사는 사람들은 생명과 자유를 누린다. "주는 영이시니 주의 영이 계신 곳에는 자유가 있느니라"(고후 3:17).

과거로부터의 자유

둘째로, 우리는 과거로부터 자유롭다. 바울은 갈라디아서를 기록하면서 이것을 가장 중요시하였다.

> 그런데 여러분은 자녀이므로, 하나님께서 그 아들의 영을 우리의 마음에 보내 주셔서 우리가 하나님을 "아빠, 아버지"라고 부를 수 있게

하셨습니다. 그러므로 여러분 각 사람은 이제 종이 아니라 자녀입니다. 자녀이면, 하나님께서 세워 주신 상속자이기도 합니다. 그런데 전에는 여러분이 하나님을 알지 못해서, 본디 하나님이 아닌 것들에게 종노릇을 하였[습니다](4:6-8).

우리는 하나님의 자녀로서, 더 이상 어제나 10년 전이나 과거의 어느 시점에 내가 한 행위들의 산물이 아니라, 십자가에서 그리스도의 공로로 다시 만들어진 새로운 피조물이다. 우리는 우리 주님 안에서 새로운 유산을 물려받았고, 더 이상 죄의 종이 아니라 자유인이다. 이 내용을 잘 설명해 주는 비유가 있다.

미국에서 헌법 13조를 개정하여 노예제도를 폐지한 것은 1865년 12월 18일이다. 그렇다면 12월 19일에는 몇 명의 노예가 있었겠는가? 실제로는 한 사람도 없었다. 그러나 많은 사람들이 그냥 노예로 살고 있었다. 그들 대부분은 이 사실을 알지도 못했고, 어떤 사람들은 이 사실을 알고 자신이 자유라는 것도 믿었지만, 이제껏 배워온 대로 살기를 선택했다.

대규모 농장의 주인들은 노예 해방 소식에 넋을 잃었다. "우리는 망했구나! 노예제도가 폐지되었으니, 노예를 계속 부려먹으려고 그렇게 싸웠건만…." 그러나 교활한 농장 대변인은 생각이 달랐다. "꼭 그럴 필요는 없지요. 이 사람들이 아직 스스로를 노예라고 생각하는 한, 노예 해방 선언은 실제로는 아무 효력도 없습니다. 우리가 이제는 그들을 부릴 법적인 권한이 없습니다만 그들은 이 사실을 알지 못합니다. 노예들이 이 사실을 모르도록만 하십시오. 그러면 그들을 마음대로 부려도 아무 문제도 없을 것입니다."

"그러나 만약 이 소식이 퍼지면 어떻게 하지요?"

"진정하십시오. 우리는 또 다른 대책이 있습니다. 그들이 소식을 못 듣게 할 수는 없을지라도, 그들이 제대로 이해를 못하도록 할 수는 있습니다. 그들이 나를 거짓의 아비라고 부르는 것이 전혀 근거없는 이야기는 아니지요. 우리는 온 세상을 속일 능력이 있습니다. 그들에게 그냥, 당신들은 헌법 13조 개정안을 잘못 이해한 것이라고 하십시오. 그들이 곧 해방될 것인데, 아직은 해방된 것이 아니라고 말입니다. 그들이 들은 소식은, 사실이긴 하지만 잠재적인 사실일 뿐, 오늘의 현실은 아닌 것이지요. 언젠가는 그 혜택을 누리겠지만, 지금은 아니라고 말입니다."

"그러나 그들은 이미 우리가 그렇게 말할 줄 알고 있을 거요. 그들은 우리를 믿지 않을 것이오."

"그렇다면 아직도 자신이 노예라는 것을 확신하는 노예들 중에서 말 잘하는 몇 사람을 뽑아서 곳곳에 심어놓으십시오. 기억하십시오, 최근에 해방되긴 했지만 이들 대부분은 노예로 태어나서 노예로 살아온 사람들입니다. 우리가 할 일은 그들을 속여 그들이 여전히 노예라고 생각하게 하는 것뿐입니다. 그들이 노예의 일을 하는 한, 그들이 아직도 노예라고 믿게 하는 것은 그리 어려운 일이 아닙니다. 그들이 하고 있는 일이 노예라는 그들의 정체성을 유지해주는 것이지요. 그들이 자신은 이제 노예가 아니라고 선언하려고 할 때, 뽑은 노예들을 시켜 그들의 귀에 속삭이게 하십시오. '너는 노예가 하는 일을 하면서 어떻게 네가 노예가 아니라고 생각할 수 있니?' 그러니까 우리는 동료들을 밤낮으로 고소하는 노예도 갖게 되는 것입니다."

수년이 지난 후에도 많은 사람들은 자신들이 해방되었다는 놀라운 소식을 여전히 못 듣고 있었고, 그래서 당연히 이전에 살던 그대로 살아가고 있었다. 그들 가운데는 이 좋은 소식을 들은 사람들도 있었으나, 그들은 지금 자신이 하는 일과 느끼는 감정을 더 믿었다. 나는 아직 주인에게 속해 있고 내가 평생 해온 일을 여전히 하고 있단 말이야. 그렇다면 내 경험으로 볼 때 나는 자유인이 아니야. 나는 해방선언이 있기 전이나 지금이나 똑같은 기분이야. 그러니 이것은 사실이 아니지. 결국 내가 느낄 수 있는 것만이 사실이라고. 그래서 자신의 감정을 속이는 위선자가 되기를 원치 않는 그들은 그들이 느끼는 대로 살아간다.

한 노예는 이 기쁜 소식을 듣고, 큰 기쁨으로 받아들였다. 그는 이 선언과 그 효력에 대해 면밀히 조사해 보았는데, 이 선언은 정부의 최고 책임자가 제안하고 추진했다는 사실을 알게 되었다. 그뿐 아니라 그 최고 책임자는 노예를 해방하기 위하여 개인적으로 엄청난 대가를 기꺼이 치르기까지 했다. 이 모든 사실을 알고 나서, 그 노예의 인생은 바뀌었다. 그는 이제, 사실을 믿지 않고 자신의 느낌을 믿는 것이야말로 진짜 위선임을 분명히 볼 수 있었다. 진리인 사실에 따라 살기로 결단한 그의 삶은 놀랍게 변하기 시작했다. 그는 이전의 주인이 자신에게 아무 권리가 없으며, 그에게 복종할 필요가 전혀 없음을 실감하게 되었다. 그는 이제 자신을 해방시킨 그분을 위해 기쁘게 살기로 했다.[1]

죄로부터의 자유

셋째로, 우리는 죄로부터 자유롭다(롬 6:7). 내가 가르치는 학생 하나가 한번은 이런 질문을 했다. "지금 교수님은 제가 죄를 지을 필요가 없다고 말씀하시는 것입니까?"

"자네가 죄를 지어야 한다는 생각은 어디에 근거한 것인가?" 내가 물었다.

복음을 전하면서 요한은 이렇게 기록했다. "나의 자녀들아 내가 이것을 너희에게 씀은 너희로 죄를 범하지 않게 하려 함이라 만일 누가 죄를 범하여도 아버지 앞에서 우리에게 대언자가 있으니 곧 의로우신 예수 그리스도시라"(요일 2:1). 우리가 죄에 대항하는 능력을 논할 때, 분명히 성숙 여부는 중요한 요소이다. 그러나 하나님이 우리에게 거룩하라고 명하심에도 불구하고(벧전 1:15-16을 보라) 우리는 죄를 지을 수밖에 없다고 믿는다면, 그로 인한 패배의식이란 엄청날 것이다.

중독에 빠져 있는 사람들은 다음과 같은 잘못된 생각의 거미줄에 걸려 있다. '하나님, 주님은 저를 이런 모양으로 만들어 놓으시고, 이제는 저를 정죄하시는군요. 그리스도를 따르는 삶이란 불가능하다고요.' 이런 사람들은 실패를 하면 이렇게 외친다. "저는 한낱 인간일 뿐이라고요!"

약물 중독, 섹스 중독으로 갈등하는 사람들이 이런 행진에 앞장을 서고 있다. 그들은 이런 생각을 즐긴다. '나는 다른 사람들과 달라. 기독교가 다른 사람들에게는 작용하지만 내게는 소용없어. 아마 나는 그리스도인이 아닌가 봐. 하나님은 나를 사랑하지 않으셔. 하긴, 하나님이 어떻게 나 같은 것을 사랑하시겠어. 나는 실패자야. 영영 이 알코올 중독의 사슬을 끊을 소망이 없는 끔찍한 죄인인걸.' 이것은 거짓말 종합선물세트이다. 이같이 생각하는 사람들은 아직 노예와 같은 생각을 갖고 있으므로 여전히 노예처럼 살고 있다.

진리를 검증하라

그리스도 안에서 자유를 누리며 살려면, 우리는 로마서 6장 1-11절에서 선포한 자유가 무엇인지 알아야 한다. 그리스도 안에 있는 우리의 지위를 설명하는 이 구절을 살펴보기 전에, 성경 해석의 단순한 원칙 몇 가지를 분명히 하고 싶다. 우리가 성경에서 명령을 만나면 우리의 적절한 반응은 그 명령에 순종하는 것뿐이다. 성경이 무언가를 진리라고 선포하려 한다면 우리의 적절한 반응은 오직 그 진리를 믿는 것뿐이다. 우리가 하나님의 말씀에서 약속을 읽으면 우리는 그 약속대로 구하면 된다. 이것은 매우 간단한 개념이지만 로마서 6장 1-11절 말씀으로 더 깊이 들어가기 위해서는 반드시 이해하고 넘어가야 한다. 이 구절을 읽고서 우리는 이렇게 묻는 경향이 있다. "내가 어떻게 그런 것을 하겠어요?" 죄와 우리의 관계에 대한 바울의 선언은 우리가 해야 할 일들에 관한 것이 아니라, 우리가 믿어야 할 사실들에 관한 것이다. 그리고 우리가 믿으면 이 진리는 우리를 자유케 할 것이다.

신약성경이 처음 기록된 헬라어는 동사를 매우 정확하게 사용한다. 문장에 사용된 동사의 형태를 보면 그것이 현재, 과거, 미래 시제인지는 물론 계속되는 동작인지 한 순간의 동작인지도 알 수 있다. 그러나 하나님의 말씀이 선포하는 내용을 알기 위해서 원어를 알아야 하는 것은 아니다. 번역 성경이 원문의 뜻을 잘 풀어내고 있기 때문이다. 그럼에도 불구하고 나는 이 성경구절의 진리를 좀더 분명히 드러내고 싶다. 우리가 로마서 6장 1-11절의 진리를 검증해 나갈 때, 꼭 기도할 것을 부탁한다. 진리의 영인 성령께서 우리 마음을 지켜주시고 성경의 온전한 의미를 이해할 수 있게 해 달라고 간구하라.

죄에 대하여 죽음

> 그러면 우리가 무엇이라고 말을 해야 하겠습니까? 은혜를 더하게 하려고, 여전히 죄 가운데 머물러 있어야 하겠습니까? 그럴 수 없습니다. 우리는 죄에는 죽은 사람인데, 어떻게 죄 가운데서 그대로 살 수 있겠습니까?(롬 6:1-2)

이런 질문이 하고 싶을 것이다. "내가 어떻게 그렇게 할 수 있지요? 내가 어떻게 죄에 대하여 죽을 수 있습니까?" 우리는 그렇게 할 수 없다. 우리는 이미 죄에 대하여 죽지 않았는가? 여기 동사는 과거시제이다. 우리를 위하여 그리스도께서 이미 하셔서 이루어진 일을 우리가 다시 할 수는 없다. "그러나 나는 죄에 대하여 죽었다는 느낌이 들지 않는걸요, 솔직히 말하면 나는 아직도 죄를 짓습니다." 기억하라, 내가 누구인지를 결정하는 것은 내가 무엇을 하느냐가 아니다. 잠시, 몇 절을 살펴볼 동안, '느낌'은 한쪽으로 치워두자. 우리를 자유롭게 만드는 것은 우리가 무엇을 믿느냐이지, 무엇을 느끼느냐가 아니다. 우리가 이 진리를 믿기로 선택하든지 그러지 않든지 하나님의 말씀은 진리이다. 하나님의 말씀은 우리가 굳게 믿기 때문에 진리인 것이 아니다. 하나님의 말씀이 진리이기 때문에 우리가 그것을 믿는 것이다.

어느 목사님 한 분은 그리스도인이 되고서도 22년 동안 죄 문제로 씨름했다고 털어놓았다. "시험과 시험의 연속이었습니다. 그리고 드디어 해답을 얻었다고 생각합니다." 그는 이렇게 말했다. "저는 골로새서 3장 3절을 읽고 있었습니다. '이는 너희가 죽었고 너희 생명이 그리스도와 함께 하나님 안에 감추어졌음이라.' 이것이 바로 열쇠지요?"

나는 그에게, 그것이 열쇠가 될 것이라고 생각하노라고 확신시켜 주었다. 그러자 그는 골로새서 3장 3절 말씀대로, 자기가 죽고 그의 생명이 그리스도 안에 감추어지려면 어떻게 해야 하느냐고 물었다. 나는 이 질문에 놀랐다. 22년 동안이나 이분은 자신이 이미 되어 있는 자신의 상태에 이르려고 계속 노력해온 것이다. 많은 그리스도인들, 특히 중독에 시달리는 사람들이 이렇게 살아가고 있다.

그리스도와 동일시

로마서 6장 1-11절에 있는 바울의 논쟁은 두 가지이다. 하나는, 우리가 그리스도의 죽음과 장사에 함께했다면, 우리는 그의 부활과 승천에도 함께한다는 것이다. 복음의 메시지를 반만 믿는다면 우리는 패배의 삶을 살게 될 것이다. 우리는 멍에를 벗고 자유로울 뿐 아니라 그리스도와 함께 하늘에 앉아 있다(엡 2:6을 보라). 이런 지위로부터 우리는 그리스도인다운 삶을 살 수 있는 권위와 능력을 갖는다. 예수님은 단지 우리의 죄를 위하여 죽으러만 이 세상에 오신 것이 아니다. 그분은 우리에게 생명을 주러 오셨다. 그래서 하나님의 자녀 된 모든 이가 생명을 받아 그리스도 안에서 영적으로 살아 있게 하시려 오셨다. 바울은 분명히, 믿는 자 개개인을 그리스도와 동일시한다.

1. 그의 죽으심에서   롬 6:3, 6, 갈 2:20, 골 3:1-3을 보라.
2. 그의 장사되심에서   롬 6:4을 보라.
3. 그의 부활하심에서   롬 6:5, 8, 11을 보라.
4. 그의 승천하심에서   엡 2:6을 보라.
5. 그의 생명에서   롬 5:10-11을 보라.
6. 그의 능력에서   엡 1:19-20을 보라.
7. 그의 상속에서   롬 8:16-17, 엡 1:11-12을 보라.

그리스도와 연합

바울의 두 번째 논쟁은 죽음이 더 이상 우리를 주관하지 못하고, 따라서 죄도 우리를 주관할 수 없다는 것이다. 각각의 구절에서 왜, 어떻게 이것이 사실인지를 보기로 하자. 바울의 첫 번째 논쟁으로 돌아가 로마서 6장을 계속 연구하자.

> 세례를 받아 그리스도 예수와 하나가 된 우리는 모두 세례를 받을 때에 그와 함께 죽었다는 것을 여러분은 알지 못합니까?(3절)

아직도 어떻게 하면 그럴 수 있느냐고 의아해하고 있는가? 대답은 마찬가지다. 할 수 없다. 우리는 이미 그리스도 예수와 함께 세례를 받았기 때문이다.[2] 성경이 이미 우리에게 이루어졌다고 못 박는 것을 우리가 또 추구하는 것은 헛된 일이다. "우리가 … 다 한 성령으로 세례를 받아 한 몸이 되었고"(고전 12:13). "되었고", 분명히 과거시제이다. 이 일은 이미 믿는 자들에게 일어난 것이다.

4, 5절을 계속 보자.

> 그러므로 우리는 세례를 통하여 그의 죽으심과 연합함으로써 그와 함께 묻혔던 것입니다. 그것은, 그리스도께서 아버지의 영광으로 말미암아 죽은 사람들 가운데서 살아나신 것과 같이, 우리도 또한 새 생명 안에서 살아가기 위함입니다. 우리가 그의 죽으심과 같은 죽음을 죽어서 그와 연합하는 사람이 되었으면, 우리는 부활에 있어서도 또한 그와 연합하는 사람이 될 것입니다.

우리가 그와 함께 연합했는가? 그렇다! 원어를 공부하는 사람들은 문장 구성과 동사 형태가 제1조건문(조건절을 사실로 가정하는 조건문)을 만든다고 말할 것이다. 그러니까 이 구절은 문자적으로 이렇게 읽을 수 있다. "만일 우리가 그분의 죽으심과 같은 모양으로 그와 연합한 자가 되었다면(우리는 사실 이미 연합한 자가 되었다), 또한 그의 부활하심과 같은 모양으로 그분과 연합한 자가 될 것입니다."

우리는 성 금요일에 그리스도의 죽으심을 기념하고 감사하지만 그뿐 아니라 부활절에 그의 부활을 기념하고 기뻐한다. 우리는 거듭나는 순간에 우리 안에 부활하신 그리스도의 생명을 받아들인다. 바울이 이 온전한 복음을 어떻게 설명하는지 보라.

> 우리가 아직 죄인 되었을 때에 그리스도께서 우리를 위하여 죽으심으로 하나님께서 우리에 대한 자기의 사랑을 확증하셨느니라(롬 5:8, 개역개정).

놀랍다! 하나님은 우리를 사랑하신다. 그러나 이것이 복음의 전부인가? 아니다, 계속 읽어보라.

> 그러면 이제 우리가 그의 피로 말미암아 의롭다 하심을 받았으니 더욱 그로 말미암아 진노하심에서 구원을 받을 것이니(5:9, 개역개정).

굉장하다! 우리는 지옥으로 가지 않는다. 그러나 이것이 복음의 온전한 진리인가? 아니다, 계속 읽어보라.

곧 우리가 원수 되었을 때에 그의 아들의 죽으심으로 말미암아 하나님과 화목하게 되었은즉 화목하게 된 자로서는 **더욱** 그의 살아나심으로 말미암아 구원을 받을 것이니라(5:10, 개역개정).

이럴 수가! 우리는 그의 생명으로 구원 받았다, 그리고 영원한 생명은 우리가 죽을 때 얻게 되는 어떤 것이 아니라, 우리가 바로 지금 그리스도 안에서 살아 있는 이것이다. 그러나 이것이 복음 메시지의 전부인가? 아니다! 계속 읽어보라.

그뿐 아니라 이제 우리로 화목하게 하신 우리 주 예수 그리스도로 말미암아 하나님 안에서 또한 즐거워하느니라(5:11, 개역개정).

이 화해의 말씀은 우리 영혼이 하나님과 연합되었으며, 바로 이것이 영적으로 살아 있다는 것의 의미라고 말하고 있다. 바울은 여기서 끝나지 않고 더 나아간다.

한 사람의 범죄로 말미암아 사망이 그 한 사람을 통하여 왕 노릇 하였은즉 더욱 은혜와 의의 선물을 넘치게 받는 자들은 한 분 예수 그리스도를 통하여 생명 안에서 왕 노릇 하리로다(5:17, 개역개정).

진리를 믿기로 선택하라

이제 로마서 6장 6절로 돌아가자. "우리의 옛 사람이 그리스도와 함께 십자가에 달려 죽은 것…을 우리는 압니다"(새번역). 아직도 '어떻게 하면 이럴 수 있을까?'라고 생각하고 있는가? 이것은 우리가 할 수 있는 일이 아니다. 이것은 단지 우리가 알고 믿을 수 있는 것이다. 이것은 지식의 문제이지 경험의 문제가 아니다. 성경은 "우리는 해야 합니다"라고 하지 않고 "우리는 압니다"라고 한다. 많은 사람들이 옛 자아(또는 옛 사람)을 죽음에 넘기려고 무진 애를 쓰지만 번번이 실패한다. 왜 그런가? 우리 옛 사람은 이미 죽었기 때문이다! 하나님이 이미 우리를 위해 행하신 일을 우리가 우리 자신을 위해 할 수는 없기 때문이다.

기독교 경험에서 실패하는 많은 사람들은 궁금해한다. '이것이 사실이 되기 위해서 나는 무슨 경험을 해야 하는가?' 이런 생각으로는 결코 승리할 수 없다! 이 구절이 사실이 되기 위하여 일어나야 했던 유일한 경험은 2,000년 전 십자가에서 발생했고, 오늘날 우리가 이 경험 속으로 들어가는 유일한 방법은 믿음뿐이다. 우리는 우리 자신을 구원할 수 없고, 우리의 인간적인 노력으로 죽음이라는 형벌과 죄의 권능을 이길 수 없다. 오직 하나님만이 우리를 위해 그 일을 하실 수 있고, 또 그 일을 하셨다.

어떤 사람들은, 이 가르침이 단지 신분상의 진리일 뿐, 우리가 그리스도 안에서 살아 있다는 것이 지금 당장은 별 실제적 유익이 없다고 단언한다. 얼마나 불행한 결론인가. 산업화되고 극도로 방법론이 유행하는 이 세계에서 우리는 간혹, 그리스도만이 할 수 있고 또 그가 우리를 위해 이미 하신 일을 우리 자신이 시도하려고 한다. 그것은 불가하다. 우리가 기독교 경험에서 얼마나 끔찍한 실수를 저질렀든, 어떻게든 느끼든 상관없이, 우리는 진리를 믿기로 선택해야 하고, 그 후에는 진리를 따라 믿음으로 걸어야 한다. 우리가 그렇게 할 때에라야, 이 구절의 진리가 우리 경험으로 입증될 것이다. 우리의 경험으로 이 말씀을 증명하려고 한다면 실패할 뿐이다. 우리는 믿음으로 구원 받아 성화되는 것이지, 행위로 되는 것이 아니다.

나는 지금, 언젠가는 하나님이 나를 받아주시리라는 희망을 가지고 이 모든 일을 하는 것이 아니다. 나는 사랑하는 자에게 이미 용납되었고, 내가 지금 행하는 모든 것은 그 때문에 하는 것이다. 내가 포도원에서 일하는 이유는 하나님이 나를 언젠가는 받아주시리라는 소망 때문이 아니다. 하나님은 이미 나를 사랑하시므로 나는 포도원에서 일한다. 기억하라, 우리가 무엇을 하느냐에 따라 우리의 신분이 정해지는 것이 아니요, 우리가 누구이며 무엇을 믿느냐에 따라 우리가 하는 일이 정해지는 것이다. 사랑하는 여러분들이여, 여러분은 하나님의 자녀이다(요일 3:2을 보라).

다시 로마서 6장 6절로 돌아가자.

우리의 옛사람이 그리스도와 함께 십자가에 달려 죽은 것은, 죄의 몸을 멸하여서, 우리가 다시는 죄의 노예가 되지 않게 하려는 것임을 우리는 압니다.

이 구절의 후반부는 우리의 물리적인 몸에 대해 언급하는데, 이것은 다음 장에서 다루기로 한다. 그러나 여기에 다른 중요한 것이 있다. 곧, 우리는 믿음으로 구원받았고 성화되었다는 것이다. 이와 다르게 믿는 것은 어리석은 짓이고, 바울에 따르면 사단의 속임에 넘어가는 것이다.

> 어리석은 갈라디아 사람들이여, 예수 그리스도께서 십자가에 못박히신 모습이 여러분의 눈 앞에 선한데, 누가 여러분을 흘렸습니까? 나는 여러분에게서 이 한 가지만을 알고 싶습니다. 여러분은 율법을 행하는 행위로 성령을 받았습니까? 그렇지 않으면, 믿음의 소식을 들어서 성령을 받았습니까? 여러분은 그렇게도 어리석습니까? 성령으로 시작하였다가, 이제 와서는 육체로 끝마치려고 합니까?(갈 3:1-3)

죄의 노예로 살고 있는 그리스도인들은 갈라디아 이단을 믿고 있는 것이다.

바울은 로마서 6장 7절에서 이렇게 계속한다. "죽은 사람은 이미 죄의 세력에서 해방되었습니다"(새번역). 당신은 그리스도와 함께 죽었는가? 그렇다면 당신은 죄에서 해방되었다. 아마 당신은 이런 생각을 할지도 모르겠다. '나는 죄에서 해방되었다는 느낌이 들지 않는걸!' 우리가 느끼는 대로만 믿는다면 우리는 결코 승리의 삶을 살 수 없다.

우리 대부분은 어느 날 아침에 눈을 뜨고는, 죄에 대하여는 살아 있고 그리스도에 대하여는 죽어 있다고 느낄 것이다. 그러나 그것은 그냥 우리의 느낌일 뿐이다. 만일 우리가 느끼는 대로 하루를 산다면, 그 하루는 어떤 날이 되겠는가? 아주 나쁜 날이 될 것이다. 나는 아침에 일어나서 이렇게 기도하는 습관을 들였다. "하나님, 또 하루를 주셔서 감사합니다. 저는 영벌을 받아 마땅하지만 하나님은 제게 영생을 주셨습니다. 하나님, 이제 기도하오니 당신의 성령으로 저를 충만케 하옵소서. 오늘 저는 어떻게 느끼든지 상관없이 믿음으로 걸어가기를 선택합니다. 많은 유혹을 대하겠지만, 내 모든 생각을 사로잡아 그리스도께 복종시키고 참되고 올바른 것만을 생각하기로 결단합니다."

주님은 내게 여러 번 "네가 믿는 대로 네게 이루어질지라"고 대답하셨다.

올바른 믿음의 기초를 갖는 것은 아주 중요하고, 그 반대는 치명적이다. 불신의 죄보다 더 큰 죄는 없다. "믿음을 따라 하지 아니하는 것은 다 죄니라"(롬 14:23). 우리가 거짓을 믿기로 결정하면 우리는 거짓된 삶을 살 것이다. 그러나 우리가 진리를 믿기로 결정하면, 성령의 능력 안에서 믿음으로 열매 맺는 삶을 살 것이다.

자신을 죄에 대하여는 죽은 자요, 하나님께 대하여는 산 자로 여기라

바울은 로마서 6장 8-9절에서 이렇게 계속한다.

우리가 그리스도와 함께 죽었으면, 그와 함께 우리도 또한 살아날 것임을 믿습니다. 우리가 알기로, 그리스도께서는 죽은 사람들 가운데서 살아나셔서, 다시는 죽지 않으시며, 다시는 죽음이 그를 지배하지 못합니다.

죽음이 나를 주장하는가? 결코 아니다!

썩을 이 몸이 썩지 않을 것을 입고, 죽을 이 몸이 죽지 않을 것을 입을 그 때에, 이렇게 기록한 성경말씀이 이루어질 것입니다. "죽음을 삼키고서, 승리를 얻었다." "죽음아, 너의 승리가 어디에 있느냐? 죽음아, 너의 독침이 어디에 있느냐?" 죽음의 독침은 죄요, 죄의 권세는 율법입니다. 그러나 우리 주 예수 그리스도를 통하여 우리에게 승리를 주시는 하나님께 우리는 감사를 드립니다(고전 15:54-57).

만약 죽음이 우리를 주장하지 못하면, 죄도 우리를 주장하지 못한다. "그리스도께서 죽으신 죽음은 죄에 대하여 단번에 죽으신 것이요, 그분이 사시는 삶은 하나님을 위하여 사시는 것입니다"(롬 6:10, 새번역). 이것은 하나님이 우리로 하여금 **그 안에서** 하나님의 의가 되게 하려 하시려고 죄를 알지도 못하신 이를 우리를 대신하여 죄로 삼으셨을 때(고후 5:21) 이루어진 일이다. 예수께서 십자가에 달리셨을 때, 온 세상의 죄가 그의 어깨 위에 놓여 있었다. 그의 손과 발에 못이 박힐 때 그는 우리의 모든 죄짐을 지신 것이다. 그러나 그가 부활했을 때 그에게는 티끌만한 죄도 없었다. 그가 하나님의 우편에 앉으실 때, 그에게는 아무 죄도 없었다. 그는 죄와 사망을 이기고 승리하신 것이다. 그는 죄를 위해 단 한 번 죽으셨고, 그것으로 끝이었다. 많은 사람들이, 그리스도께서 우리가 지은 모든 죄를 위하여 죽으셨다는 사실을 믿고 받아들인다. 그렇다면 우리가 장래에 또 지을 죄들은 어떻게 되는가? 그리스도께서 우리 죄를 위해 죽으신 순간, 우리의 죄 가운데 어느 만큼이 그분의 죽으심에 해당되었을까? **전부이다.** 우리의 과거, 현재, 미래의 모든 죄가 이미 용서되었다는 것(혹은, 값을 치렀다는 것)을 알았으니 이제는 죄를 지어도 되는 특권을 얻었는가? 아니다, 그 사실은 오히려 죄를 짓지 말라는 은혜의 도구이다.

우리는 이 진리에 어떻게 반응해야 할까? 바울은 로마서 6장 11절에서 이렇게 계속한다.

> 이와 같이 너희도 너희 자신을 죄에 대하여는 죽은 자요 **그리스도 예수 안에서** 하나님께 대하여는 산 자로 여길지어다(개역개정).

우리가 우리 자신을 죄에 대하여 죽은 자로 여김으로써 우리가 그렇게 되는 것이 아니라, 하나님이 이미 그것이 사실이라고 말씀하셨기 때문에 우리가 우리 자신을 죄에 대하여 죽은 자로 여기는 것이다. 전에 이 말씀을 이해하는 문제로 고민하는 사람들을 도운 적이 있다. 나는 그들에게, 자신을 죄에 대하여 죽은 것으로 여김으로써 정말 죽게 된다고 생각한다면, 그것은 파멸을 자초하는 일이라고 말해 주었다. 우리는 우리 자신을 죄에 대하여 죽게 만들 수 없다. 오직 하나님만 그렇게 하실 수 있으며, 그래서 그렇게 하셨다. 바울이 말하는 바는, 하나님이 말씀하신 것이 사실이라는 것을 우리가 계속 믿기로 선택해야 한다는 것이다. 우리 느낌은 이와 정반대일 수도 있지만 말이다. "여기다"라는 동사는 현재시제이다. 다른 말로 하면 우리는 꾸준히 진리를 믿어야 하며, 이는 또한 그리스도 안에 거한다는 말(요 15:1-8을 보라)이요, 기본적으로 성령의 인도함을 따라 걷는다는 것(갈 5:16을 보라)과 같은 뜻이다. 성령을 따라 행하면 육신의 욕심을 따르지 않을 것이다.

죽음이란 관계의 종말이지 존재 자체의 종말을 의미하는 것은 아니다. 성경 전체를 통하여, "생명"이란 단어는 '무엇과의 연합'을 의미하고, "죽음"이란 '무엇과의 분리'를 의미한다. 우리가 이미 보았듯이 아담이 범죄했을 때 그는 영적으로 죽었다. 그러나 그 죽음으로 그의 존재가 사라진 것은 아니었다. 사실 그는 육체적으로 900년 이상 살아 있었다. 반면 그의 영혼은 하나님과 분리되어 있었다. 거듭날 때 우리는 영적으로 생명을 얻게 된다. 우리 영혼은 하나님과 연합된다. 우리는 그리스도 안에서 살아 있다. "그리스도 안에서" 또는 "그 안에서"라는 표현은 신약에서 가장 많이 쓰이는 말이다.

유혹을 이기는 길

우리가 죄에 대하여 죽을 때, 죄 자체가 존재도 없이 사라져 버리는가? 아니다! 죄의 능력이 소멸되는가? 아니다! 죄는 여전히 강력하고 여전히 호소력이 있다. 그러나 죄가 우리에게 호소할 때, 이제 우리는 거절할 능력이 있다. 주님이 우리를 어둠의 권세에서 건져내어 그의 사랑하시는 아들의 나라로 옮기심으로써(골 1:13), 우리와 죄의 관계가 끝났기 때문이다. 로마서 8장 1-2절에서 바울은 어떻게 이것이 가능한지를 설명하고 있다.

> 그러므로 그리스도 예수 안에 있는 사람들은 정죄를 받지 않습니다.
> 그것은, 그리스도 예수 안에서 생명을 누리게 하는 성령의 법이 당신을 죄와 죽음의 법에서 해방하여 주었기 때문입니다.

죄와 죽음의 법이 아직도 역사하고 있는가? 물론이다, 그것은 법이다. 법을 폐기할 수는 없지만, 우리는 현존하는 법을 능가하는 법으로 승리할 수 있다. 그것은 말하자면 생명의 성령의 법이다. 예를 들어 보자. 우리 유한한 인간이 우리 자신의 힘으로 하늘을 날 수 있는가? 아니다, 중력의 법칙이 우리를 계속 밑으로 잡아당기기 때문이다. 그러나 우리가 중력보다 더 큰 힘에 연합되면 우리는 날 수 있다. 우리가 비행기 **안에** 있으면서 그 능력에 따라 처신한다면 우리는 날 수 있다. 그러나 반대로 우리가 비행기 밖으로 나온다면 그 즉시 중력의 법칙이 아직도 작용하고 있다는 것을 알게 될 것이다. 우리가 무서운 속도로 추락하고 있을 테니 말이다.

죄와 사망의 법은 여전히 살아 있고, 여전히 역사하며, 여전히 강력하고, 여전히 호소력이 있다. 그러나 우리가 거기에 굴복할 필요는 없다. 우리가 성령을 따라 행하는 한, 우리는 육신의 욕심을 따르지 않을 것이다(갈 5:16을 보라). 우리는 "주 안에서와 그 힘의 능력으로 강건"하여져야 한다(엡 6:10). 우리가 주님을 의지하기를 멈추고 육신을 따라 살기를 선택하는 순간, 우리는 추락하여 소멸될 것이다. 우리가 우리 자신의 힘으로 설 수 있다고 생각하는 순간, 우리는 넘어질 준비가 된 것이다. "교만은 패망의 선봉이요 거만한 마음은 넘어짐의 앞잡이니라"(잠 16:18).

마귀는 우리가 하나님을 떠나 독립적으로 살려는 시도를 하도록 부추긴다.

> 그러므로 서 있다고 생각하는 사람은 넘어지지 않도록 조심하십시오. 여러분은 사람이 흔히 겪는 시련 밖에 다른 시련을 당한 적이 없습니다. 하나님은 신실하십니다. 여러분이 감당할 수 있는 능력 이상으로 시련을 겪는 것을 하나님은 허락하지 않으십니다. 하나님께서는 시련과 함께 그것을 벗어날 길도 마련해 주셔서, 여러분이 그 시련을 견디어 낼 수 있게 해주십니다(고전 10:12-13).

우리는 마귀의 유혹(시련)에 굴복하고, 그에게 속을 것인가? 그의 거짓말을 믿을 것인가? 아니다! 우리는 도리어 우리의 길을 회개하고 거짓을 배척하고, 우리 죄를 이미 용서하셨고 또 장차 우리를 깨끗하게 하실 사랑하는 아버지께로 돌아와야 한다.

만약 당신이 술, 마약, 섹스에 중독되어 헤어나지 못하고 있다면, 아마 이렇게 생각할 것이다. '다 좋은 소리지, 나도 이것을 믿고 싶어. 하지만 나는 아직도 이렇게 중독행동과 싸우고 있단 말이야.' 이런 생각을 하는 이유는 아마도 또 다른 진리를 이해하지 못하기 때문이리라. 즉, 죄의 욕구는 우리 "지체 중에서 싸우는"(약

4:1) 중이라는 사실이다. 우리 마음속에는 치열한 전투가 벌어지고 있다. 어떻게 이 전쟁을 이해하고 또 싸워 이길 것인지를 이 책에서 살펴볼 것이다. 워치만 니는 바울이 로마서 6장 1-11절에 풀어 놓은 진리를 깨닫고서, 그것이 문자 그대로 그를 자유케 했다. 그의 간증으로 이 장을 마치려고 한다.

나는 회심 후 수년 동안을 죄에 대하여 죽고 하나님께 대하여 산 자로 '여기라'고 배워왔다. 그러나 내가 죄에 대하여 죽었다고 여기면 여길수록 나는 더 분명히 살아 있었다. 나는 단순히 내가 죽었다고 믿을 수 없었으며, 내가 죽음을 만들어낼 수도 없었다. 다른 사람들에게 도움을 요청할 때마다 그들은 로마서 6장 1 – 11절을 읽어보라고 했고, 내가 그 말씀을 읽고 그렇게 여기려고 하면 할수록 죽음은 더욱 멀리 멀리 사라져 갔다. 그 말씀은 깨달을 수 없었다. 그렇게 여겨야 한다는 그 가르침은 정말 감사했지만, 나는 거기서 아무런 결과도 아무런 진전도 얻지 못했다. 고백하건대, 나는 수개월을 고민했다. 나는 주님께 이런 기도를 드렸다. "만약 이것이 명확해지지 않으면, 만약 이토록 근본적인 진리를 제가 깨닫지 못하면, 저는 모든 일을 그만두겠습니다. 더 이상 설교를 하지 않겠습니다. 더 이상 주님을 섬기러 나가지 않겠습니다. 저는 제일 먼저 이 점을 확실히 깨닫기 원합니다." 수개월간 나는 기도하고 금식도 하고 애를 썼지만 아무 일도 일어나지 않았다.

그러던 어느 아침이었다…. 내가 이렇게 말했다. "주님, 제 눈을 열어주소서!" 그때 나는 번쩍 보았다. 그리스도와 하나가 된 나를 보았다. 나는 **주님 안**에 있었고, 그가 죽을 때 나도 같이 죽었다. 내가 그 토록 의심했던 나의 죽음은 과거의 일이지 앞으로 일어나야 할 일이 아니었음을 보았다. 주님이 죽으셨듯이 나도 그와 같이 정말로 죽은 것을 보았다. 주님이 죽으실 때 내가 **주님 안**에 있었기 때문이었다. 전체의 그림이 내게 환히 밝혀졌다. 이 가슴벅찬 발견에 나는 기쁨의 물결에 휩싸여서, 앉아 있던 의자에서 튀어오르듯 일어나 소리쳤다. "주님을 찬양합니다! 나는 죽었습니다!" 나는 아래층으로 뛰어 내려오다가 부엌일을 돕는 한 형제를 만나 붙잡고 소리쳤다. "형제여, 그대는 내가 죽었다는 사실을 아는가?" 그의 얼굴에 당황한 기색이 역력했음은 물론이다. "무슨 말씀이신지…." 그가 물었고, 나는 계속했다. "그리스도께서 죽으신 것을 모르나? 내가 그와 함께 죽었다는 것을 모르나? 내가 죽었다는 사실은 그분이 죽으셨다는 사실만큼이나 확실하다는 것을 그대는 진정 모른단 말인가?"[3]

5장. 죄에 대한 승리

《연구》
1. 자연인은 자유를 어떻게 정의하는가? 그 정의는 우리가 그리스도 안에서 누리는 자유와 어떻게 다른가?
2. 중독의 굴레에 매여 사는 사람들의 생각 가운데 잘못된 것을 지적해 보라. 왜 그들의 사고에 오류가 있는가? 그리스도께서 우리를 위해서 하신 일에 비추어 볼 때, 무엇이 올바른 사고이겠는가?
3. 영원한 생명이란 무엇인가? 당신은 언제, 그리스도인으로서 영생을 얻었는가?
4. 죽음이란 무엇인가? 믿는 사람으로서 이것을 이해하는 것은 왜 중요한가?

《주》
1. 이 비유는 Victory Seminar Ministries(Dallas, Texas)에서 출판한 제이미 래쉬의 글 "Enslaved to My Self-Image"에서 인용, 각색한 것이다.
2. 물로 세례를 주는 의식은 전통적으로, 그리스도에 의해 이미 수행된 일들을 상징적으로 재현하는 행위로 이해되어왔다. 성 어거스틴은 이것을 일컬어 "보이지 않는 은혜의 보이는 형태"라고 하였다. 세례는 우리 주 예수 그리스도의 죽으심과 장사되심과 부활하심에 대하여 우리가 동일시된다는 공적인 선언이다. 유아세례를 베푸는 사람들은 세례의식이 그리스도 위에 성령이 임하신 세례사건의 상징이라고 이해하며, 온 몸을 잠그는 침례와는 대조적으로 머리에 약간의 물을 뿌리는 상징적 행위를 한다. 성경을 보는 두 가지 시각 모두 그 의식의 기초를 보면 세례를 그리스도와의 합일로 보고 있다. 우리의 교회에서 집전되는 예전으로서의 세례는 이것들의 상징이지만, 여기서 우리가 살펴보고자 하는 말씀은 실제로 우리의 영적인 세례 – 그리스도와 합하는 세례를 다루고 있다.
3. 워치만 니, 《정상적인 그리스도인의 생활》(생명의 말씀사 역간).

06 우 리 지 체 중 의 싸 움

| The War in Our Members |

> 우리가 승리할 수 있는 능력은 계속 그리스도로부터 나온다. 성경은 죄가 그리스도인의 삶에서 완전히 근절되었다고 하지 않고, 죄가 우리를 더 이상 주장할 수 없다고 가르친다. 죄의 권능과 힘은 깨어졌다. 그리스도인들은 이제 이 세상을 이기고 초월하여 살 수 있는 자원을 갖고 있다. 이는 마치, 한 어린 소녀에게 마귀가 와서 문을 두드리며 유혹하면 그 소녀는 예수님을 문으로 보낸다는 이야기가 있는데, 이와 같은 것이다.
>
> 빌리 그레이엄

노새 한 마리가 잘못된 방향으로 길을 가고 있었다. 그가 어슬렁거리며 길을 가면 갈수록 더 문제가 생겼다. 그 노새는 고집이 센 노새(영어에서 노새mule는 고집쟁이를 뜻하기도 한다. - 편집자 주)여서 이런 어려움에도 불구하고 자신이 잘못된 방향으로 간다는 것을 인정하지 않고 오히려 더 빨리 걸어갔다. 그는 또한 건초와 곡식으로 균형 있는 식사를 하는 것도 귀찮아했다. 설상가상으로 노새는 당장 목이 마르다는 문제를 해결하기 위해서 오염된 물을 마셨다. 그리고 그는 또 다른 오염된 물웅덩이를 소개해준 나쁜 노새들과 함께 달리기 시작했다. 결국 이 고집쟁이 노새는 완전히 지치고 탈진해서 쓰러지고 말았다.

　얼마 지나지 않아 다른 노새들이 이 노새를 도우려고 모여들었다. 그 중 한 노새는 이 노새를 쓰러지게 한 원인이 오염된 물이라고 결론짓고, 물 근원을 차단했다. 그러나 고집불통 노새는 여전히 거기 누워 있었다. 또 다른 착한 노새는 이 노새가 다른 방향으로 가고 있었다는 것을 알아차리고는 이 늙은 노새 꼬리를 붙잡아 반대로 돌려놓았다. 그래도 여전히 그 노새는 그냥 누워 있었다. 또 다른 노새들은 쓰러져 있는 노새의 사회적 체면을 고려하여, 호스를 끌어다가 물을 뿌려 몸을 깨끗이 닦아주었다. 그래도 그 노새는 여전히 그곳에 누워 있었다. 이 모든 호의와 노력이 가상했지만, 그 늙은 노새는 여전히 그전처럼 고집불통 노새로 변함이 없었다. 그 노새가 진정으로 변화되고 힘을 얻어 일어나 옳은 방향으로 걸어가기 위해서는, 새 생명이 필요했다.

우리 몸으로 하나님께 영광을 돌리라

우리 인생을 위한 하나님의 계획이 담긴 보배창고를 열기 위하여는, 먼저 몇 가지 기본원칙을 이해해야 한다. 우리는 몸으로 하나님께 영광을 돌리도록 지으심을 받았다(고전 6:20을 보라). 하나님의 영광이란 그의 임재하심이 드러나는 것이다. 본질적으로 그리스도인들은 이 세상 가운데 하나님의 임재를 드러내도록 부르심 받았다. 예수는 이렇게 말씀하셨다. "너희가 열매를 많이 맺으면 내 아버지께서 영광을 받으실 것이요 너희는 내 제자가 되리라"(요 15:8).

우리가 이 일을 할 수 있는 유일한 길은 그리스도 안에 거하는 것이다. 그리스도께서 이미 우리를 위하여 해놓으신 것을 우리가 우리 자신을 위하여 할 수는 없지만, 우리의 옛 방식인 자기 중심의 길을 버리고 옳은 길을 택하여, 하나님이 말씀하신 진리를 따르는 믿음의 삶을 다시 시작할 수는 있다. 우리 안에 있는 그리스도의 생명의 능력을 받으면 우리는 이 모든 일을 할 수 있다.

앞 장에서 우리는 하나님이 우리를 위하여 해놓으신 것이 무엇이며, 어떻게 이것을 사실로 받아들여야 하는지, 그리고 어떻게 믿음으로 그에 합당한 삶을 살 수 있는지를 보았다. 이번 장에서는 우리의 책임이 무엇인지에 초점을 맞추려고 한다. 이제 시작하기 전에 하나 분명히 할 것은, 이 장에 나오는 내용들이 우리 삶에 효력을 발휘하기 위하여는 바울이 가르친 로마서 6장 1-11절 말씀을 먼저 믿지 않고는 안 된다는 것이다. 진리가 우리를 자유케 한다. 그러나 그 진리를 믿지 않으면 책임 있는 행동을 할 수 없다.

이제 로마서 6장 12절을 계속 살펴보자. "그러므로 여러분은 죄가 여러분의 죽을 몸을 지배하지 못하게 해서, 여러분이 몸의 정욕에 굴복하는 일이 없도록 하십시오"(새번역). 죄가 우리 죽을 몸을 지배하지 못하게 하는 것은 우리의 책임이다. 나는 '마귀가 나를 이렇게 하도록 했어요'라고 변명할 수 있다는 태도는 가르쳐 본 적도, 믿어 본 적도 없다. 또는, 다른 사람이 나를 이렇게 하도록 했다는 변명도 해서는 안 된다. 우리는 우리 자신의 태도와 행동에 책임을 져야 한다. 죄가 우리 죽을 몸을 지배하지 못하도록 하기 위하여 우리는 무엇을 해야 하고, 무엇을 하지 말아야 하는가? 바울은 13절에서 그 해답을 제시하고 있다.

> 그러므로 여러분은 여러분의 지체를 죄에 내맡겨서 불의의 연장이 되게 하지 마십시오. 오히려 여러분은 죽은 사람들 가운데서 살아난 사람답게, 여러분을 하나님께 바치고, 여러분의 지체를 의의 연장으로 하나님께 바치십시오.

여기서 우리가 피해야 할 부정적인 행동은 한 가지이고, 취해야 할 적극적인 행동은 두 가지이다. 우선, 피해야 할 부정적인 행동을 살펴보자. 우리는 죄에 굴복하는 어떤 방식으로도 우리 몸을 사용하지 말아야 한다. 그런 일에 우리 몸을 사용하면 우리는 죄가 우리 몸을 주관하도록 허락하는 것이다. 야고보는 이렇게 기록했다. "너희 중에 싸움이 어디로부터, 다툼이 어디로부터 나느냐 너희 [몸의] 지체 중에서 싸우는 정욕으로부터 나는 것이 아니냐"(약 4:1).

우리 자신과 우리의 몸

적극적인 면에서 우리는 의식적으로 우리 **자신**을 하나님께 바치라(드리라)는 명령을 받는데, 이는 우리가 하나님의 것이기 때문이다. 그리고 우리는 '또한' 우리 **몸**을 의의 연장(도구)으로 하나님께 드려야(바쳐야) 한다. 바울은 우리 자신과 우리 몸을 분리했다. 왜 그랬을까?

우리 자신이란 본질적인 우리를 말하는데, 우리가 몸을 떠나 주님과 함께 있게 될 때의 우리의 부분이다. 현재의 우리 문화에서는 사람이 무엇을 하느냐로 그 사람의 정체를 규정하고, 육체적인 외모로 서로를 구별하려는 경향이 있다. 우리가 만약 자연인이기만 하다면 이것은 필요한 일이다. 그러나 하나님의 자녀로서 우리는 온전히 새로운 정체성을 갖고 있다. "그러므로 우리가 이제부터는 어떤 사람도 육신을 따라 알지 아니하노라"(고후 5:16). 바울은 우리가 "하늘로부터 오는 우리 처소로 덧입기"를 심히 원한다고(고후 5:2) 인정하고 있다. 그러나 우리가 이 땅의 장막(우리의 육체를 의미함)에 있는 한 우리는 탄식하는데, 이는 우리가 벌거벗은 자로 드러나기를 원치 않기 때문이다. 다른 사람의 장막은 잘 모르겠지만, 내 자신의 장막은 쐐기가 빠지고, 연결한 부분이 벌어지고, 지퍼가 이제 잘 움직이지 않는다. 이 노쇠한 노새의 몸뚱이는 젊은 날만큼 쓸모 있는 모습이 아니다. 그러나 나의 소망은 나의 겉사람을 영원히 보존하려는 것이 아니다. 나의 소망은 나의 겉사람은 낡아질지라도(고후 4:16), 나의 속사람이 날마다 새롭게 되는 데 있다. 나는 언젠가는 부활한 새 몸을 받게 될 것이다.

우리가 육체적으로 죽을 때 이 땅의 옛 옷은 벗어 던져버릴 것이다. 우리는 몸을 떠나 주와 함께 있게 될 것이다(고후 5:8을 보라). 그러나 이 지구라는 땅에서 우리가 주를 섬기는 한은 물리적 육체가 필요하다. 바울은 이렇게 기록했다. "죽은 자의 부활도 그와 같으니 썩을 것으로 심고 썩지 아니할 것으로 다시 살아나며 욕된 것으로 심고 영광스러운 것으로 다시 살아나며 약한 것으로 심고 강한 것으로 다시 살아나며 육의 몸으로 심고 신령한 몸으로 다시 살아나니 육의 몸이 있은즉 또 영의 몸도 있느니라"(고전 15:42-44). 우리 속사람은 영원히 하늘 아버지와 함께 있겠으나 우리 몸은 흙으로 돌아가리니, "혈과 육은 하나님 나라를 유업으로 받을 수 없기"(고전 15:50, 개역한글) 때문이다.

모든 유한한 것은 또한 부패하게 마련이다. 우리 물리적인 육체는 본성적으로 악한 것이 아니라 도덕성이 없거나 중립적이다. 그러니 이 중성의 우리 몸을 어떻게 해야 할까? 우리는 이것을 의의 연장으로 드리라는 명령을 받는다. "드리라"는 말은 "누구의 권한 아래 두라"는 의미이다. 연장 또는 도구란 하나님이 우리에게 맡기신 어떤 것이든 될 수 있다. 주님은 우리에게 우리 몸을 잘 건사하는 선한 청지기가 되어, 그것을 의의 도구로만 사용하라고 명하신다.

그리스도의 지체

이런 일련의 생각들과 바울이 고린도전서 6장 13-20절에 기록한 것을 성 중독 문제에 적용해 보자.

> 몸은 음행을 위하여 있는 것이 아니라, 주님을 위하여 있는 것이며, 주님은 몸을 위하여 계십니다. 하나님께서 주님을 살리셨으니, 그의 권능으로 우리도 살리실 것입니다. 여러분의 몸이 그리스도의 지체라는 것을 알지 못합니까? 그런데, 내가 그리스도의 지체를 떼어다가 창녀의 지체를 만들 수 있겠습니까? 그럴 수 없습니다. 창녀와 합하는 사람은 그와 한 몸이 된다는 것을 알지 못합니까? "두 사람이

한 몸one flesh이 될 것이다" 하신 말씀이 있습니다. 그러나 주님과 합하는 사람은 그와 한 영이 됩니다. 음행을 피하십시오. 사람이 짓는 다른 모든 죄는 자기 몸 밖에 있는 것이지만, 음행을 하는 자는 자기 몸에다가 죄를 짓는 것입니다. 여러분의 몸은 여러분 안에 계신 성령의 성전이라는 것을 알지 못합니까? 여러분은 성령을 하나님으로부터 받아서 모시고 있습니다. 여러분은 여러분 자신의 것이 아닙니다. 여러분은 하나님께서 값을 치르고 사들인 사람입니다. 그러므로 여러분의 몸으로 하나님을 영화롭게 하십시오.

이 말씀은 우리가 하나님과 영적으로 연합한 것뿐 아니라 그 이상의 관계를 갖고 있다고 가르친다. 우리 몸은 그리스도의 지체이다. 로마서 8장 11절은 이렇게 선포하고 있다.

예수를 죽은 사람들 가운데서 살리신 분의 영이 여러분 안에 살아 계시면, 그리스도를 죽은 사람들 가운데서 살리신 분께서, 여러분 안에 계신 자기의 영으로 여러분의 죽을 몸도 살리실 것입니다.

우리 몸은 하나님이 거하시는 성전인데, 이는 그의 영이 우리 안에 거하시기 때문이다. 우리 몸을 성적인 부도덕에 방임하는 것은 하나님의 성전을 더럽히는 행위이다.

그리스도의 지체를 창녀와 합하는 행위가 얼마나 도덕적으로 극악무도한 짓인지 우리가 온전히 이해하기는 어렵다. 마치 안티오쿠스 에피파네스가 모세의 의례는 불법이라고 선언한 후, 거룩한 성전의 제단에서 돼지 피를 흘리고 성전의 거룩한 곳에 제우스 상을 세운 것 같다고나 할까. 기원전 2세기 경, 이런 일이 발생했을 때 하나님의 백성이 어떻게 느꼈을지 상상할 수 있겠는가? 많은 사람들이 안티오쿠스가 성전을 더럽히는 일을 막으려다가 순교를 당했다. 그리스도인으로서 우리도, 예수께서 막달라 마리아와 성관계를 가졌다고 주장하는 사람들의 이야기를 들으면 마음이 상한다. 우리는 또 예수가 자위를 했다거나 술고래였다는 사람들의 말에 비위가 상한다.

예수님은 완전히 하나님이며 완전히 사람이셨다. 그는 인성을 가졌기에 남자라는 성을 가지셨고 모든 면에서 우리처럼 유혹을 받았으나 결코 죄를 짓지는 않았다. 그는 하나님의 뜻과 반대되는 생각을 품는 것조차도 결코 스스로에게 용납하지 않았다. 그러므로 죄는 그의 영혼에 절대 뿌리를 내릴 수 없었다. 그의 물리적 육신이 성적 부도덕을 위해 주어진 것이 아니었듯이, 우리도 마찬가지이다. 우리가 눈을 크게 떠서 영적인 세계의 실상을 본다면, 우리가 우리 몸에 짓는 죄의 결과가 무엇인지를 안다면, 우리는 모든 성적 부도덕으로부터 도망칠 것이다.

우리가 성적인 죄를 범하면서 두뇌를 포함한 우리 몸의 지체를 불의의 도구로 사용하지 않을 수는 없다. 우리가 성적인 죄를 범할 때, 우리는 죄가 우리 죽을 몸을 지배하도록 허락하는 것이다! 이런 일이 발생할 때, 그래도 우리는 주와 연합해 있는가? 그렇다. 그는 결코 우리를 버리거나 떠나지 않으실 것이므로 우리는 여전히 그와 연합해 있다. 우리가 구원을 잃지는 않겠지만, 이런 죄의 행위는 우리가 누리는 자유에 영향을 준다.

> 형제자매 여러분, 하나님께서는 여러분을 부르셔서, 자유를 누리게 하셨습니다. 그러나 여러분은 그 자유를 육체의 욕망을 만족시키는 구실로 삼지 말고, 사랑으로 서로 섬기십시오(갈 5:13).

주님과 연합되어 있고, 그와 한 영이 되어 있는 하나님의 자녀가 창녀와 연합하면 어떤 일이 발생하는가? 그들은 한 몸one flesh이 된다. 어떤 면에서 그들은 함께 결합하는 것이다.

어떤 예쁜 그리스도인 소녀가 부도덕한 남자와 성관계를 맺고 수년 동안 건전하지 못한 관계를 이어왔다. 소녀의 친구들도 "그 사람은 네게 좋지 않아"라고 말했고, 부모님들은 장래 이 사람이 사위가 된다는 사실에 역겨움을 느꼈다. 그러나 그 소녀는 누구의 이야기도 들으려 하지 않았으므로, 사람들은 소녀가 지각을 되찾도록 기도하기 시작했다. 남자는 소녀를 함부로 대했지만 소녀는 그를 떠나려고 하지 않았다. 왜 그럴까? 그들은 결합되어 있었기 때문이다. 그들은 한 몸이 되었다. 소녀가 남자를 떠났더라도, 그에게서 완전히 자유롭지는 못했을 것이다.

결박을 끊는 길

〈그리스도 안의 자유〉라는 우리 단체는 지난 수년간의 사역을 통하여 이런 강한 결합 관계는 완전한 회개를 통하여서만 깨뜨릴 수 있다는 것을 배웠다. 우리는 제자훈련 상담과정에서, 내담자들에게 주님께 그들의 마음 구석구석을 보여주시도록 구하라고 격려한다. 그들의 몸이 성 중독이라는 불의의 도구로 어떻게 쓰였는지를 낱낱이 보여주시도록 구하는 것이다.

깊은 상처를 입은 그리스도인들이 이런 이야기를 나눌 때면 대개 성적 경험 한두 가지만을 나누는 것이 보통이다. 그러나 이런 기도를 진심으로 하고 나면 자신도 모르는 사이에 의도하지도 않은 다른 모든 성적인 경험을 쏟아놓게 된다. 이런 자백을 하게 하는 것은 우리가 그들의 성적 이상행위에 흥미가 있어서가 아니다. 아니, 우리는 그들의 이야기가 전혀 듣고 싶지 않다. 우리는 그들의 유익을 위하여, 그들이 그리스도 안에서 자유를 누리기를 진심으로 원하기 때문에 그들의 이야기를 귀 기울여 듣는 것이다.

주께서 그들 마음속에 있는 모든 성적인 죄를 하나하나 들추어 내실 때, 상담자는 그 사람이 자기 몸을 그런 식으로 사용하기를 그만두고 그 죄를 함께 저지른 상대와의 결합을 주께서 끊어주시도록 간구하게 된다. 그리고 그들이 자신의 몸을 하나님께 의탁하고 오직 배우자에게만 성적으로 허용하기 위하여 몸을 지키도록 한다.

로마서 12장 1절에서 바울은 우리 몸을 산 제사로 하나님께 드리라고 "하나님의 모든 자비하심으로" 강권하고 있다. 회개란 우리가 잘못된 어떤 것**으로부터 돌이켜**, 참된 어떤 것**으로 돌아서는** 것이다. 우리가 무엇을 거짓이라고 인정하는 것만으로는 부족하고, 진리를 믿고 받아들이고 따르기로 선택해야 한다. 잘못된 어떤 것을 끊는 것은 회개의 반쪽에 불과하다. 완전한 회개에 이르려면 우리는 옳은 것을 택해야 한다. 바울은 우리에게, 우리 몸을 불의의 도구로 사용하지 말라고 명령하는 데서 끝내지 않았다. 우리는 또한 우리 자신과 우리 몸을 하나님께 의의 도구로 드려야 한다.

〈그리스도 안의 자유〉 사역을 통해 몇 년간 사람들을 돕다 보니 성 중독자들 가운데 몇 가지 양상이 관찰되었다. 먼저 살펴볼 것은, 결혼 전 문란한 성관계는 결혼 후 성적 만족도에 지장을 초래했다는 것이다. 만약 혼전 성관계가 합의에 의한 것이었다면 욕망을 채우려는 인간의 본성대로 중독성은 점점 강해질 것이다. 만약 성 경험이 합의가 아니라 일방적인 것이었다면(한쪽이 정말 원치 않는데 따라갔거나 강간, 성폭력 등의 경우), 원하지 않았던 상대방(일반적으로 여성)은 성에 대해 마음을 닫는 경향이 있다. 결혼 전의 성관계가 어떤 형태였든지, 결과적으로 아내는 성관계를 즐기지 못하게 되고 남편은 만족을 얻지 못하게 된다. 남편이 몸에 손도 못 대게 하는 아내들이 적지 않은데, 그들은 서로 사랑과 신뢰의 표현으로서 피차 애정을 나누는 단계로 들어가는 자유를 경험하지 못한 사람들이었다. 어떤 사람들은 하나님의 뜻이 아닌 곳에서 성관계를 갖고 그 사슬을 끊지 못하여 배우자와의 관계를 거부했다. 그들은 이전의 성관계에 몸을 드린 것을 회개하고 하나님께 자기 몸을 산 제사로 드리고, 그 몸을 성적으로는 배우자와의 관계로만 사용하기로 결단할 때, 사슬을 끊을 수 있었다. 그들이 자신을 마음속으로부터 진정으로 용서할 때 회개는 완전히 이루어졌으며, 이제 그들은 하나님과 다른 사람들과 책임 있고 자유로운 방식으로 관계를 맺을 수 있게 되었다.

강간이나 근친의 폭력일 경우는 상대방이 억지로 그들의 몸을 불의의 도구로 사용하게 한 것이다. 비극적이지만 이 경우도 역시 둘은 한 몸이 되었다. 자기 몸을 하나님을 영화롭게 하는 데 사용하려는 사람의 의지를 꺾고 하나님의 성전을 훼손하는 나쁜 사람들의 이 행위의 결과는 부당하며 억울하다고 소리 지르고 싶다. 그렇다, 부당하다. 분명 그것은 역겨운 일이지만, 우리는 병든 세상에서 역겨운 사람들에게 둘러싸여 살고 있다. 이것은 성전을 지키려다 죽어간 사람들의 의지를 꺾고 성전을 더럽힌 안티오쿠스의 죄악과 다를 바 없는 것이다. 그러나 우리에게는 이런 불법으로부터 자유할 수 있는 좋은 소식이 있다. 우리는 우리 몸을 그런 곳에 사용하기를 끊어버리고 하나님께 복종하고 마귀를 대적할 수 있다(약 4:7을 보라). 우리의 과거로부터 자유를 경험하고자 한다면, 우리는 우리를 더럽힌 그 사람을 용서할 수 있으며 또한 용서해야만 한다.

또 다른 양상으로, 섹스, 알코올, 마약 중독은 보통 서로 복합적으로 관계되어 있었다. 술집에서는 대개 음란물을 같이 판다. 남에게 인정받고자 하는 간절한 욕구는 그 대신 불법적인 섹스, 마약, 술로 사람을 몰아간다. 술과 마약은 사람의 양심을 둔하게 하고 판단력을 흐리게 하여, 결국은 후회할 성적인 도피처를 찾게 한다. 술이나 마약 같은 약물은 하나님의 성전을 더럽힌다. 바울의 권고는 "술 취하지 말라 이는 방탕한 것이니 오직 성령으로 충만함을 받으라"(엡 5:18)였다. 술 취하는 것은 몸에 해를 줄 뿐만 아니라, 다른 부도덕한 일에 연루시킨다. "방탕*asotia*"이란 말은 "환락" 또는 "극히 감각적인 탐닉"을 뜻한다.1 마치 탕자가 허랑방탕하게 사는 것과 같다(눅 15:13을 보라). 이것은 돈을 물 쓰듯 하고, 육신의 욕심을 마음껏 충족시키는 것이다.

성령으로 충만함을 받으라

바울이 말하는 술 취함의 대안은 금주가 아니다. 오염된 물을 마시지 않는 것으로는 충분하지 않다. 우리는 우리를 모든 진리 가운데로 인도하시고 올바른 방향으로 향하여 걸어가게 하시는 성령의 충만을 받아야 한다. 알코올 중독이나 마약 중독을 치료하는 세속적 방법 중에서 가장 잘못된 것은 "상담이 필요 없습니다"라고 광고하는 것들이다. 그런 행동 교정 프로그램은 중독자를 단기간 병원에 입원시켜 놓고는 또 다른 약을 처방하여, 그들이 술을 마실 때마다 구토를 일으키게 하는 것이다. 말도 안 된다! 그렇게 해서는 아무것도 해결되지 않는다. 기진맥진한 노새는 여전히 기진맥진한 상태인 **데다가**, 여전히 다른 방향을 향하고 있다. 이 프로그램의 책임자들은 "최소한 노새가 오염된 물을 마시고 있지는 않습니다"라고 말한다. 황당한 일이다.

이제 좀더 큰 그림을 보면서 이 모든 상황을 정리해 보자. 구약에서 속죄제는 피를 드리는 것이었다. 피는 동물의 몸에서 흘러나왔고, 시체는 성전 바깥으로 내다 치웠다. 오직 피만 죄를 속하기 위해 드려졌다.

우리 죄를 위한 속죄제물은 무엇인가? 물론 주 예수 그리스도 이시다. "피 흘림이 없은즉 사함이 없느니라"(히 9:22). 십자가 위에서 우리를 위하여 피를 흘리시고, 그의 몸은 십자가에서 내리워 장사되었다. 그러나 그의 몸은 오래 묻혀 있지 않았다, 할렐루야!

구약에서 드리는 제사 중에는 또 번제라는 것이 있었다. 이는 태워서 드리는 제사인데, 히브리어에서 "태운다"는 것은 문자적으로 '위로 올라간다'는 뜻이다. 번제는 속죄제와는 달리 제단 위에서 피와 몸과 그 외 모든 것을 완전히 태워 없애는 것이다.

오늘날 번제제물은 누구인가? 우리 자신이다. 바울은 이렇게 기록했다. "그러므로 형제들아 내가 하나님의 모든 자비하심으로 너희를 권하노니 너희 몸을 하나님이 기뻐하시는 거룩한 산 제물로 드리라 이는 너희가 드릴 영적 예배니라"(롬 12:1). 우리 죄가 용서되었다는 사실은 놀랍다, 그리스도께서 우리를 위해 그 일을 하셨다. 그러나 우리가 그리스도 안에서 승리의 삶을 살아가고자 한다면, 우리는 하나님께 우리 자신과 우리 몸을 의의 도구로 기꺼이 드려야 한다. 그리스도 안에서 해방된 삶을 살기 위하여 우리는 성령으로 충만함을 받아야 한다.

구약시대 유대 땅에서는 히스기야의 지도력 아래에서 큰 부흥이 일어났다(역대하 29장을 보라). 첫째로, 그는 성전을 정결하게 하고 예배를 드릴 수 있도록 준비시켰다. 얼마나 아름다운 회개인가! 신약에서는 우리가 하나님의 성전이다. 그 다음, 히스기야는 제사장들을 성별했다. 모든 믿는 자는 새 언약 아래서 제사장이다. 그러므로 제사장을 성별한다는 것은 바울이 "너희 자신을 … 하나님께 드리라"(롬 6:13)는 가르침과 일치하는 것이다. 셋째로, 히스기야는 희생의 피를 흘리는 제사를 명령했다. 겉으로 보기에 무슨 놀라운 일이 벌어지는 않았으나, 각 사람의 죄는 용서를 받았다. 마지막으로, "히스기야가 명하여 번제를 단에 드릴새 번제 드리기를 시작하는 동시에 여호와의 시로 노래하고 나팔을 불며 이스라엘 왕 다윗의 악기를 울리고"(대하 29:27). 다윗 왕의 치하에서는 성막에서 아침 저녁으로 드리는 제사를 위해서만 음악을 올려드리는 찬양대가 4,000명이나 헌신되어 있었다(대상 16:39-42). 그리고 이제 히스기야의 치하에서 다시 음악이 울려퍼진 것이다.

우리 다시 에베소서 5장 18절을 읽어보자. "술 취하지 말라 이는 방탕한 것이니 오직 성령으로 충만함을 받으라." 다른 말로 하면, 하나님의 성전을 술로 더럽히지 말라는 것이다. 그것은 방탕이다. 오히려 하나님의 성령이 우리 마음을 주장하시도록 하고, 그래서 다시 음악이 울려퍼지게 해야 한다.

> 시와 찬미와 신령한 노래로 서로 화답하며, 여러분의 가슴으로 주님께 노래하며, 찬송하십시오. 모든 일에 언제나 우리 주 예수 그리스도의 이름으로 하나님 아버지께 감사를 드리십시오(엡 5:19-20).

많은 사람들이 술에 취하여 노래를 부르지만, 하나님의 영광을 위한 것은 아니다. 어떤 사람들의 노래는 마치 장송곡 같다. 더 딱한 것은, 어떤 그리스도인들은 마음에 아예 노래라는 것이 없는 것 같다. 그런 상황은 상상할 수가 없다. 그리스도인으로서 우리는 마음속에 기쁜 노래가 풍성히 있어야 한다. 주를 찬양하는 소리가 항상 우리 성전을 가득 채워야 한다.

〈연구〉
1. 어떻게 하면 우리는 죄가 우리 죽을 몸을 지배하지 못하게 할 수 있는가? 죄를 짓는 행동과 우리 삶을 주장하는 죄의 차이는 무엇인가?
2. 우리는 우리 몸을 어떻게 불의의 도구로 사용하는가?
3. 거룩한 성관계란 무엇인가? 우리 몸을 불의하게 쓰는 것이 거룩한 성관계에 끼치는 영향은 남자와 여자에게 각각 어떠한가? 우리 몸을 불의하게 쓰는 것이 결혼생활에는 어떤 영향을 미치는가?
4. 술 취하는 것 대신 바울은 무엇을 권하는가? 중독을 극복하는 데 왜 이것이 중요한 개념인가?

〈주〉
1. Merriam-Webster's Collegiate Dictionary, 10th ed., S.V. "dissipation" and "debauchery."

07 자 신 을 죄 와 분 리 하 라

| Separating Ourselves from Sin |

> 우리는 많이 기도했다. … 나는 이제 자유의 몸이다. … 이따금씩 내가 전에 마약 중독자였던 것을 아는 친구를 만난다. 그는 지금도 마약에 매여 사는데, 어떻게 그런 습관을 버릴 수 있느냐고 묻는다. 나는 내가 배운 것을 그에게 말해준다. "자네 몸은 하나님의 성전이라네, 하나님께 그 성전을 돌려드리게. 그렇지 않으면 죽음뿐일세."
>
> 조니 캐쉬

우리가 만약 우리 몸을 불의의 도구로 사용하고 죄가 우리 죽을 몸을 지배하도록 허락한다면 어떤 일이 일어날까? 바울은 이때의 상황을 로마서 7장 15-25절에서 선명한 그림으로 그려 보여준다. 다음에 나오는 어느 목사님과 또 다른 한 사람의 대화를 듣기 위해 우리는 한 마리 파리가 되어 벽에 조용히 붙어 있기로 하자. 이 사람은 죄를 짓고 자백하고, 죄를 짓고 자백하고, 죄를 짓고 자백하기를 거듭하며 술과 성에 중독되어 있는 사람이다.

랜 디 : 이렇게 계속 살 수는 없습니다. 절망적입니다. 저는 나가면 술을 마시고, 잠에서 깨어나 보면 머리가 빠개질 듯이 아픕니다. 다시는 이 짓을 하지 않겠다고 스스로에게 다짐을 하고, 어떤 때는 한 주나 두 주 성공하기도 하지만, 이내 다시 넘어집니다. 저는 그런 형편없는 실패자입니다. 아내에게는 이 사실을 숨기려고 노력했지만 이제는 더 이상 숨길 수가 없습니다. 저는 주님께 수백 번도 넘게 기도를 드리고 죄를 자백했지만 아무것도 도움이 안 되는 것 같습니다. 하나님은 제게 아주 정이 떨어져 버리셨을 거예요. 또 한 가지 제가 누군가와 나누어야 할 것이 있는데, 이것은 제 아내에게도 말할 수 없는 것입니다. 이것 때문에 하나님을 대면할 수도 없습니다. 목사님도 저를 정말 더러운 놈이라고 생각하실 겁니다.

목 사 : 랜디, 당신이 무슨 이야기를 하든지 나는 상관하지 않아요. 내가 당신을 보는 눈은 아무래도 변하지 않습니다. 나에게 당신은 하나님의 자녀입니다. 그리고 나는 당신을 한 형제로 사랑합니다.

랜 디 : 아, 그것은 음란물입니다. 저는 오래 전에 그것에 걸려들었습니다. 이제는 여자를 보기만 해도 그런 상상이 마구 떠오릅니다. 그 유혹은 엄청나서 내가 무슨 수를 써도 극복할 수가 없을 것 같아요. 정말이지, 이렇게 살고 싶지 않습니다! 이것 때문에 제 결혼생활은 파괴되고 있습니다.

목 사 : 랜디, 당신이 경험하고 있는 상황을 보여주는 성경구절이 있습니다. 로마서 7장 15절(새번역)에 이렇게 기록되어 있습니

다. "나는 내가 하는 일을 도무지 알 수가 없습니다. 내가 해야 겠다고 생각하는 일은 하지 않고, 도리어 해서는 안 되겠다고 생각하는 일을 하고 있으니 말입니다." 어떻습니까? 당신의 삶을 정확히 그리고 있지 않습니까?

랜 디 : 정확합니다! 저는 하나님이 옳다고 하시는 것을 정말 하기 원합니다. 그리고 술이나 정욕의 노예가 되기는 죽기보다 싫습니다. 술과 정욕, 어느 것이 더 심각한지도 모르겠습니다. 술에 취했다가 깨어보면 어떤 여인의 옆에 누워 있습니다. 아니면 밤에 몰래 아래층으로 내려와서 인터넷에 접속합니다. 마치 문 하나만 통과하면 술에 완전히 취하거나 자위를 하거나 혹은 더 나쁜 짓을 할 때까지 되돌아오지 못하는 것 같다고나 할까요. 저는 아내를 속이고 싶지 않습니다. 이것이 잘못인 줄 알고 있습니다, 그리고 이제는 저도 점점 더 제 자신이 역겨워집니다.

목 사 : 그렇다면 16절 말씀과 동일하군요. "내가 그런 일을 하면서도 그것을 해서는 안 되겠다고 생각하는 것은, 곧 율법이 선하다는 사실에 동의하는 것입니다." 랜디, 이 말씀에 언급된 사람은 모두 몇 명이지요?

랜 디 : 딱 한 사람이군요, "나"라고 분명히 말하고 있습니다.

목 사 : 무엇을 해야 될지는 아는데, 무슨 이유에서든지 그것을 할 수 없을 때 우리는 패배감을 느낍니다. 당신 마음속에서는 이것을 해결하기 위해 어떤 노력들을 했습니까?

랜 디 : 어떤 때는 내가 정말 그리스도인인가 의심하기도 했습니다. 기독교는 다른 사람들에게는 효험이 있지만 제게는 아닌 것

같습니다. 때로 저는, 그리스도인의 삶이란 것이 과연 가능한 것일까, 또는 하나님은 정말 여기 계시는 것일까 궁금해집니다.

목 사 : 당신만 그런 것이 아니랍니다, 랜디. 많은 그리스도인이 자기만 다른 사람들과 다르다고 느끼고, 자기만 이런 문제로 갈등하고 있다고 생각합니다. 만약 이 전쟁터에 당신 혼자만 있다면, 당신의 구원을 의심해 볼 수도 있고 하나님의 존재를 의심해 볼 수 있는 이유가 성립합니다. 우리 함께 17절을 볼까요? "그렇다면, 그와 같은 일을 하는 것은 내가 아니라, 내 속에 자리를 잡고 있는 죄입니다." 자, 여기 몇이 싸우고 있습니까?

랜 디 : 분명히 둘이군요. 하지만 이해가 안 되는데요.

목 사 : 자, 같이 18절을 읽고 이해가 되는지 살펴봅시다. "나는 내 속에 곧 내 육신 속에 선한 것이 깃들여 있지 않다는 것을 압니다. 나는 선을 행하려는 의지는 있으나, 그것을 실행하지는 않으니 말입니다."

랜 디 : 이 구절은 낯설지가 않습니다, 꼭 저를 보여주는 것 같으니까요. 저는 제 자신에게도, 제 아내에게도 선한 일이라곤 전혀 못하는 사람입니다. 제가 죽어 없어지면 세상은 더 좋아질 것입니다.

목 사 : 그렇지 않습니다, 성경은 그렇게 말하고 있지 않으니까요. 사실은 오히려 그 반대입니다. 당신 안이 무엇이 거하고 있는데, 그것이 당신 자신은 아니지요. 만약 내 손가락에 가시가 들어 있다면 그것은 "선하지 않은 어떤 것"이 내 안에 들어 있는 것이지요. 이 "좋지 않은 어떤 것"은 내가 아니고 가시입니다.

이 좋지 않은 것은 내 살, 내 육신도 아닙니다. 그런데 내 살 속에 들어 있습니다.1 우리가 이 전쟁에서 우리 자신만을 본다면 우리는 의롭게 살 수 있는 소망이 없습니다. 바울은 우리에게 이것을 장황하게 설명하고 있습니다. 즉, 우리의 이 전쟁에는 나 혼자가 아니고 또 다른 상대가 있는데 그는 본성이 악하고 나와는 다른 존재라고 합니다.

랜디, 보세요. 당신이나 내가 태어났을 때, 우리는 다른 모든 자연인이 그렇듯 죄의 형벌 아래 살았습니다. 사단과 그의 졸개들은 항상 우리들을 그 형벌 아래 잡아두려고 하지요. 하나님이 우리를 구원하셨을 때, 사단은 이 전쟁에서 패배했지만, 드러냈던 송곳니를 집어넣고 꼬리를 내리고 조용히 사라지지 않았습니다. 이제 그의 전략은 우리를 속여 우리가 죄의 권능 아래 계속 살도록 하는 것입니다. 요한일서 2장 12-14절에서 요한이 지칭한 믿음의 자녀들이란 죄 용서를 받은 사람들을 의미합니다. 다른 말로 하면 그들은 죄의 형벌을 벗어난 사람들입니다. 믿음의 청년들이란 악한 자를 이긴 사람들입니다. 다른 말로 하면 그들은 죄의 권능을 이긴 자들입니다.

우리가 읽은 로마서의 말씀은 또한 이렇게 말하고 있습니다. 이 악한 자는 우리가 구원 받은 후에도 우리 안에 남아 있는 우리 육신을 통하여 역사하려고 한다는 것입니다. 육신을 십자가에 못박는 것은 우리의 책임이요, 마귀를 대적하는 것도 우리의 책임입니다. 말씀을 좀 더 읽어가면, 어떻게 이 전쟁이 치러지고 있는지 알 수 있습니다. "나는 내가 원하는 선한 일은 하지 않고, 도리어 원하지 않는 악한 일을 합니다. 내가 해서는 안 되는 것을 하면, 그것을 하는 것은 내가 아니라, 내 속에 자리를 잡고 있는 죄입니다. 여기에서 나는 법칙 하나를 발견하였습니다. 곧 나는 선을 행하려고 하는데, 그러한 나에게 악이 붙어 있다는 것입니다"(19-21절).

랜 디 : 아, 죄가 있고 악이 있군요. 그러나 이것은 그냥 제 자신의 죄가 아닌가요? 제가 죄를 지으면 제가 죄책감을 느끼니까요.

목 사 : 당신과 제가 죄를 짓는다는 데는 의심의 여지가 없습니다만, 그렇다고 해서 우리가 죄 자체는 아닙니다. 악이 우리 안에 붙어 있지만 우리가 본질적으로 악이라고 할 수는 없습니다. 아, 물론 이것이 우리가 죄를 짓는 것에 대한 변명이 되지는 않습니다. 바울은 이미 로마서 6장 12절에서 죄가 우리 죽을 몸을 지배하지 못하게 하는 것은 우리의 책임이라고 분명히 말했으니까요. 사도 요한은 요한일서 1장 8절에서 "만일 우리가 죄가 없다고 말하면 스스로 속이고 또 진리가 우리 속에 있지 아니할 것이요"라고 기록하고 있습니다. **죄가 있는 것**having sin과 **죄가 되는 것**being sin은 다른 별개의 문제입니다. 당신이 죄의 노예가 되어 있다는 확신이 들 때, 어떻게 하십니까?

랜 디 : 하나님께 자백을 합니다.

목 사 : "자백"의 문자적 의미는 "하나님께 동의한다"는 뜻입니다. 이것은 우리가 현재 상황에서 도덕적으로 살기로 하나님께 동의하는 것, 즉 빛 가운데 걷는 것과 같습니다. 우리가 하늘 아버지와 조화를 이루며 살기 위하여는 이렇게 해야 하지만, 이것

으로 충분하지는 않습니다. 자백은 회개의 첫 단계입니다. 바울이 말하는 이 사람은 하나님께 동의하고, 자기가 하고 있는 일이 잘못임을 깨달았지만, 그의 문제가 해결되지는 않았습니다. 당신은 하나님께 죄를 자백했지만, 죄를 이기는 승리는 경험하지 못하고 있습니다. 그래서 당신은 깊이 좌절한 것입니다. 당신의 마음속에서 벌어지고 있는 전쟁은 분명 매우 치열하고 지난한 싸움일 것입니다. 당신은 정욕과 씨름하는 만큼이나 정죄에 시달리고 있겠지요. 패배감이 너무 심해 누군가를 혹은 당신 자신을 때려눕혀 버리고 싶은 적은 없었습니까?

랜 디 : 거의 매일 그렇습니다! 제 마음속의 전쟁이 저를 짓누릅니다. 아마 그래서 제가 술을 마시는 것 같습니다. 술에 취해, 그런 정죄하고 비난하는 목소리와 때로는 불경스러운 생각들을 잊으려고요. 저는 정신적인 쉼이 없습니다.

목 사 : 하나님의 자녀로서 당신이 정말 누구인지에 대한 생각을 해본 적이 있습니까?

랜 디 : 물론입니다. 저는 무엇이 옳고 그른지를 압니다. 그래서 아주 고민이 되지요. 제가 지금 하는 짓이 잘못인 줄 알고 있고, 그것을 증오합니다. 하지만 술과 섹스에 탐닉하고 싶은 욕망이 일면 저는 정말 어쩔 수가 없습니다. 욕망을 채우고 나면 또다시 후회하고 괴로워하지만요. 이런 욕망이 나를 조종하고 있다는 생각에, 그것이 혐오스러워집니다. 그러나 다음날이 되면 나는 또 그 짓에 애착을 느낍니다. 아니, 또다시 그것들을 갈망한다고 해야 옳을 것입니다.

목 사 : 22절이 그 이유를 설명합니다. "나는 속사람으로는 하나님의 법을 즐거워하나." 내가 그리스도 안에서 정말 누구인지를 알고 그에 따라 행동할 때, 우리는 하나님과 연합되어 있으므로 성령님께서 즉시 확신을 주십니다. 우리는 낙담하거나 좌절한 나머지, "이제 다시는 교회에 가지 않을 거야", "기독교는 소용없어", "하나님이 나를 이 모양으로 만들었어", "이제 나는 뭘 하든 정죄와 비난을 벗어날 수 없어", "하나님은 내게 피할 길을 주신다고 약속하셨어. 그게 어디 있지? 나는 못 찾았어!" 라고 생각하거나 그런 말을 합니다. 그와 동시에 우리의 참 자아인 속사람은, "내가 잘못하고 있는 줄 나는 알아. 성경에서 하나님은 나를 사랑하신다고 하셨어. 그러나 나는 계속되는 실패 때문에 절망스러워." 이런 말을 하지요.

랜 디 : 저는 이제까지 이 말씀이 불신자에 대한 것이라고 생각했는데요.

목 사 : 훌륭한 사람들 가운데서도 그런 사람이 더러 있습니다만, 제게 그런 것은 의미가 없습니다. 자연인이 그 속사람으로 하나님의 법에 기쁘게 동조할까요? 불신자가 하나님의 법에 동의하고 그것이 선하다고 고백할까요? 저는 그렇게 생각하지 않습니다. 사실, 비기독교인들은 아주 강하게 이것을 반대합니다. 심지어 어떤 사람들은 그리스도인이 도덕적 기준을 내세우고 요구하기 때문에 미워하기도 합니다. 이 구절을 좀더 주의깊게 살펴보신다면 이 사람의 마음이 모두 하나님을 향해 있는 것을 알 수 있는데, 그렇다면 이 사람은 자연인이라고 할 수 없습니다.

생각만으로는, 그는 무엇이 옳은 줄 알고, 그것을 하려는 의지도 있고, 정말로 그 일을 할 것 같기도 한데, 어떤 이유에서인지 그는 할 수가 없습니다. 이제 23절을 보면 죄와 싸우는 이 전쟁의 특성을 알 수 있습니다. "내 지체에는 다른 법이 있어서 내 마음의 법과 맞서서 싸우며, 내 지체에 있는 죄의 법에 나를 포로로 만드는 것을 봅니다." 이 구절에 따르면 싸움이 벌어지고 있는 전쟁터는 어디입니까?

랜 디 : 전쟁은 제 마음속에서 벌어지는 것 같습니다.

목 사 : 맞습니다. 바로 그곳이 전쟁터입니다. 만약 이 전쟁에 당신 혼자뿐이라고 생각한다면, 죄를 지은 당신은 당신 자신을 혐오하게 되거나, 아니면 하나님을 원망하게 될 것입니다. 그러나 이것은 문제를 해결하는 데 걸림돌이 됩니다. 사단은 우리가 그렇게 생각하도록 인도합니다. 이렇게 한번 설명해 봅시다. 어떤 장소에 닫힌 문이 있는데, 당신은 이 문을 열지 말라는 당부를 받았습니다. 문 저쪽에는 말하는 개가 한 마리 있는데 그 개는 계속 이렇게 유혹합니다. "괜찮아, 나를 들여보내줘. 당신도 그것을 원하잖아? 누구라도 그렇게 할거야. 그리고는 얼른 도망가면 되잖아? 아무도 없어. 누가 그걸 알겠어?" 이 문을 열지 말라는 소리를 들었지만 아마 당신은 문을 열겠지요. 그 개가 문으로 들어와서 당신 다리를 덥석 물었다고 합시다. 그럼 당신은 당신 다리를 때리겠습니까, 아니면 개를 때리겠습니까?

랜 디 : 제 다리를 놓을 때까지 개를 패주겠지요.

목 사 : 물론 그렇지요, 나라도 그럴 테니까요. 마귀는 당신이 문

을 열기 전까지 당신을 유혹합니다. 당신이 문을 열면 그는 전략을 바꾸어 비난하기 시작합니다. 당신의 마음은 비난으로 들썩거립니다. "네가 문을 열었잖아, 네가 문을 열었잖아!" 그러면 당신은 흐느끼며 "하나님, 저를 용서해 주십시오. 제가 문을 열었습니다"라고 고백합니다. 이때 하나님은 어떻게 하실까요? 당신을 용서하십니다. 사실 당신은 이미 용서되었습니다. 당신은 자백을 했고, 그것은 정당합니다. 그러나 개는 아직 거기 있습니다. 당신은 하나님께 순복했으나, 마귀를 대적하지는 않았습니다.

사람들이 중독행동을 극복하기 위하여 자신의 힘과 자원을 의지하고 싸우는 것을 보면 놀랍습니다. 어떤 사람은 맨손 체조를 하고, 또 어떤 사람들은 찬물로 샤워를 합니다. 어떤 사람들은 외적인 책임을 추구하는가 하면, 또 다른 사람들은 수도승처럼 외부와 관계를 끊습니다. 자멸의 길을 택하는 사람들도 있습니다. 언젠가는, 장 청소를 하고 설사약을 먹고 배변하려는 젊은 여자들도 보았습니다. 그들은 제 안에 있는 악을 완전히 쓸어내려는 것입니다. 그들이 제 속에 있다고 느끼는 악은 그러나 물질적인 것이 아닙니다. 그러므로 이런 모든 행위는 소용이 없습니다. 바울은 "이런 것들은 자의적 숭배와 겸손과 몸을 괴롭게 하는 데는 지혜 있는 모양이나 오직 육체 따르는 것을 금하는 데는 조금도 유익이 없느니라"(골 2:23)고 썼습니다. 많은 사람들이 제 다리만 두들겨 패다 지쳐서, 하나님을 떠나 패배와 정죄의 구름 속으로 사라집니다. 바울은 이런 느낌을 로마서 7장 24

절에 이렇게 표현했습니다. "내 지체에는 다른 법이 있어서 내 마음의 법과 맞서서 싸우며, 내 지체에 있는 죄의 법에 나를 포로로 만드는 것을 봅니다." 바울은 "아, 나는 악한 사람입니다"라고 하지 않고 "나는 불쌍한 사람"이라고 했습니다. 올바른 일을 해보려는 그의 시도는 모두 도덕적 실패로 돌아갔습니다. 무엇이 옳은 줄 알고 그 옳은 일을 하기 원하지만, 할 수 없는 사람들보다 더 불쌍한 사람은 없습니다.

랜 디 : 그것이 바로 저입니다. 비참합니다. 그러나 헤어나올 길이 없습니다. 오직 죽음 말고는 다른 선택이 없는 것 같습니다. 어떤 때는 이런 소리가 들리지 않게 제 머리를 잘라버리고 싶습니다.

목 사 : 랜디, 그런데 당신에게 좋은 소식이 있습니다. 승리의 길이 있습니다. 예수님이 우리를 자유케 하실 것입니다. 25절을 보십시오. "우리 주 예수 그리스도를 통하여 나를 건져주신 하나님께 감사를 드립니다. 그러니 나 자신은, 마음으로는 하나님의 법을 섬기고, 육신으로는 죄의 법을 섬기고 있습니다." 다시 개의 이야기로 돌아갑시다. 왜 하나님께 부르짖는 것만으로는 부족합니까?

랜 디 : 글쎄요, 목사님이 말씀하셨듯이 개가 아직 거기 있잖아요. 아마, 개를 쫓아버려야 할까 봐요.

목 사 : 그리고 문도 닫아야 하지요. 당신의 자원 공급을 모두 차단해야 합니다. 당신의 전화번호를 아는 마약상이 있다면, 당신은 전화번호를 바꾸어야 합니다. 만약 응급시에 쓰려고 한 병을

집에 감추어 둔 것이 있으면 그것도 갖다 버리십시오. 여자친구가 있다면 당장 전화를 해서 이제 그녀와의 관계는 모두 끝났다고 통고하셔야 합니다.

랜 디 : 그럴 수는 없어요. 적어도 설명은 해주어야 해요. 제가 그 친구를 만나 개인적으로 이야기하겠습니다.

목 사 : 당신은 그에게 아무런 의무도 없어요. 만일 당신이 빚을 진 사람이 있다면 그건 당신 아내와 자녀들입니다. 나는 당신의 담당 목사이자 친구로서 권고합니다, 지금 내가 있는 이 자리에서 전화를 걸어 그 여자에게 이제 모든 것이 끝났으며, 다시는 만나지 않을 것이라고 말하십시오. 그리고 그를 당신의 간통에 끌어들인 것에 대해 용서를 구하십시오. 만일 지금 그렇게 하지 않으면 당신은 또다시 그리로 빠져들 것입니다.

랜 디 : 저는 이미 그 여자에게 여러 번 끝났다고 이야기했고, 수없이 죄를 자백했지만, 내 행동에 변화는 오래 지속되지 않았습니다.

목 사 : 네, 그렇습니다, 그것으로는 충분하지 않습니다. 첫째, 당신은 이미 죄 용서를 받았다는 사실을 알아야 합니다. 예수께서 당신의 모든 죄를 위해 한 번 죽으셨습니다. 그는 다시 죽지 않으십니다. 하나님께 죄를 고백한 것은 올바른 행동입니다. 문을 여는 것이 잘못인 줄 알면서 문을 열었으니, 책임이 있다는 말이지요. 둘째로, 모든 문이 닫혔다는 것을 확실히 하기 위하여, 하나님께 기도하여 당신의 몸을 불의하게 사용한 모든 것을 마음에 깨닫게 해주시기를 구해야 합니다. 물론 몸에 술이나 약물

을 투여한 것도 포함됩니다. 주께서 하나하나 보여주실 때 그것을 끊어버린다고 선언하십시오. 당신의 몸을 성적 부도덕에 방임한 것, 환각상태나 만취상태에 이르도록 몸을 남용한 것 모두입니다. 당신의 몸은 하나님께 속한 것이고, 그러므로 불의한 용도로 쓰여서는 안 됩니다. 당신의 몸을 하나님께 산 제물로 드리고, 꼭 배우자에게만 성적인 목적으로 사용하십시오. 끝으로, 마귀를 대적하십시오, 그러면 도망갈 것입니다.

랜 디 : 이제 이해가 좀 되는 것 같아요. 그런데 제 몸을 불의하게 성적으로 사용한 것을 **하나하나 모두** 기억해내라고요? 그렇게 하려면 엄청난 시간이 소요될 겁니다. 하지만 남은 생을 노예로 사는 것보다는 그것이 훨씬 쉽겠지요. 술 취했던 것 하나하나를 모두 그렇게 회개해야 하는 건가요? 저는 그리스도인답게 살지 못하는 무능력한 제 자신을 정죄하면서, 제가 구원받았는지조차 의심했었습니다. 저는 바울이 자신의 실패에 좌절했지만 자기를 저버리지는 않았다는 사실을 알게 됐습니다. 그는 책임을 졌습니다. 더 중요한 것은 그가 하나님께 돌아가 확신을 갖게 된 것입니다. 주 예수께서 그에게 죄를 이기고 살 수 있도록 능력을 주셨기 때문입니다.

목 사 : 이제 당신은 제 길로 들어섰습니다. 당신이 하나님께 진실히 기도하여 몸을 불의하게 사용한 것을 모두 보여달라고 구하고, 그를 의지하여 무엇 무엇을 배척해야 할지 생각나게 해달라고 하면 그렇게 하실 것입니다. 술취한 것 하나하나 모두를 기억나게 하실 수도 있고, 그러지 않으실 수도 있습니다. 회개하

도록 하시는 분은 오직 한 분이십니다. 로마서 8장 1절에 따르면 그리스도 예수 안에 있는 사람에게는 정죄함이 없다고 했으니, 자기 자신을 정죄하는 것은 도움이 안 됩니다. 고발하는 자 마귀의 역할을 우리가 도울 이유가 없습니다. 중독에 빠진 사람들은 대부분 구원을 의심합니다. 내가 만나 상담한 수백 명의 사람들도 하나님을 의심하고 자기 자신을 의심했습니다. 아이러니컬하게도 그들이 자신의 죄를 역겨워하고 거기서 벗어나기 위하여 애쓴다는 사실 자체가 그들이 구원받았다는 가장 확실한 근거가 됩니다. 랜디, 당신은 자신의 힘으로 죄를 이겨보려고 노력했습니다. 그러나 당신은 그런 능력을 갖도록 창조되지 않았습니다. 하나님은 결코 우리에게 마귀를 상대하라고 가르치지 않았습니다. 오스왈드 챔버스는 이렇게 기록했습니다. "하나님의 자녀들 안에 있는 순결은 하나님의 율법에 순종한 결과가 아니라, 그분의 은혜가 초자연적으로 역사한 결과이다. 즉, '내가 너를 깨끗이 하리라', '내가 네게 새 마음을 주리라', '내가 네 안에 내 영을 넣어주고, 너로 내 법을 따라 살게 하리라', '내가 너를 위하여 다 이루리라' 고 하셨기 때문이다."2

이 대화에 하나만 추가하고 싶다. 어떤 특정한 죄도 나머지 현실과 동떨어져 있는 것은 없다. 그리스도 안의 자유를 누리고 나의 죄를 이길 수 있는 하나님의 은혜를 경험하기 위해서는, 해결해야 할 다른 문제들이 얽혀 있을 수도 있다. 당신이 동의한다면, 당신의 모든 개인적이고 영적인 갈등을 해결하도록 "그리스도 안의 자

7장. 자신을 죄와 분리하라

유에 이르는 단계The Steps to Freedom in Christ"(이 책의 에필로그를 보라)를 실행하도록 권하고 싶다. 그러면 당신의 회개는 완전히 이루어지며 하나님의 능력이 당신을 통해 흘러넘칠 것이다. 당신은 또한 마음속에서 계속되는 전쟁을 이해할 필요가 있으며, 이 부분에 대해 다음 장에서 다루려고 한다.

《연구》
1. 랜디의 모습에서 나와 비슷한 점이 있는가? 있다면 어떤 것인가?
2. 목사님의 조언 중에 나의 삶에 적용될 수 있는 말씀은 어느 부분인가?
3. 내가 과연 그리스도인인지 의심해 본 적이 있는가? 그 이유는 무엇이었는가? 이 부분에 대한 랜디와 목사님의 대화에서 특별히 나에게 와닿은 깨달음은 무엇인가?
4. 여러 번 죄를 자백했으나 아무것도 변하지 않고, 아무런 결과도 없었던 때를 기억하는가? 랜디에 대한 목사님의 반응은 나에게 어떻게 적용되는가?

《주》
1. 새국제역(NIV) 영어성경은 *sarx*(육신)을 죄성 혹은 옛성품이라고 번역한다. 모든 번역본에서 "nothing good"(좋지 않은 것)은 육신이나 죄성을 의미하는 것이 아니라 죄된 본성 안에서 일어나는것을 의미한다.
2. Oswald Chambers, *God's Workmanship* (Fort Washington, PA: CLC, 1960), p. 75.

08 정신적 요새는 어떻게 형성되는가

| How Mental Strongholds Are Formed |

하나님의 은혜로 시작한 인간이, 죄를 짓고서 이 은혜를 상실했다가, 십자가에 못박힌 그리스도를 통한 하나님의 은혜로만 다시 구속될 수 있다는 것을 스스로 믿게 한다면, 우리는 철학자들에게는 결코 허락되지 않았던 마음의 평화를 발견할 것이다. 믿지 못하는 자는 저주를 받은 것이니, 이 사람은 스스로의 믿음을 통하여 하나님께서 은혜를 주시기로 자신을 택하지 않았다는 것을 보여주고 있는 것이다.

블레이스 파스칼

인생은 악의 화신과 혼신을 다하여 벌이는 투쟁, 갈등, 씨름이다. 한치, 한치 힘을 다해 밀리고 당긴다. 밤은 우리에게 한숨 돌리고, 기도하고, 능력의 샘에서 흡족히 마시라고 주어진 시간이다. 낮은 우리에게 주어진 힘을 사용하여 저녁까지 일하며 전진하라고 주어진 것이다.

플로렌스 나이팅게일

만약 당신이 현재, 습관적인 죄 때문에 갈등하고 있다면, 다음과 같은 성경의 진리에 대하여 어떻게 반응하겠는가?

- 옛 자아(사람)는 죽었고, 새 자아(사람)는 살아 있다.
- 우리는 흑암의 나라로부터 하나님의 사랑하는 아들의 나라로 옮기웠다.
- 우리는 더 이상 "아담 안"에 있지 않고 바로 지금 "그리스도 안"에 있다.
- 우리는 더 이상 진노의 자녀가 아니라, 이제는 하나님의 자녀이다.

- 우리는 그리스도를 향하여 살아 있고, 죄에 대하여는 죽었다.
- 우리는 더 이상 죄의 노예가 아니요, 그리스도의 종이다.

그리스도인으로서 우리는 모두 성경이 분명히 가르치는 것을 믿기 원한다. 그러나 많은 사람들이 홀로 고민하는 것은 이런 문제들 때문이다. '만약 이것이 사실이라면 내가 그리스도를 영접하기 전의 느낌과 지금 느낌이 왜 아무런 차이가 없단 말인가?' '왜 나는 그리스도인이 되기 전에 갈등했던 것과 꼭 같은 문제로 갈등하는가?'

마음을 다시 프로그램하라

왜 믿는 사람들이, 믿기 전에 씨름하던 열망이나 생각들, 감정들의 문제로 지금도 똑같이 씨름하는 것일까? 이미 앞에서 큰 그림을 그려 설명을 했지만, 간단히 복습해 보기로 하자. 타락의 결과로 우리는 태어날 때 모두 육체적으로는 살아 있지만, 허물과 죄로 인하여 영적으로는 죽어 있다(엡 2:1을 보라). 그래서 우리들의 삶에는 하나님의 임재도 없고, 그의 길을 아는 지식도 없다. 그러므로 우리는 인생의 초기, 인생관의 형성기에 하나님 없이 독립적으로 살아가는 법을 배웠다. 우리에게는 선택의 여지가 없었다. 그러던 어느 날, 우리는 복음을 듣고 예수를 우리 삶에 모셔들이기로 결정했다. 우리는 거듭난 것이다. 우리는 그리스도 안에서 새로운 피조물이 되었으나, 이전에 우리 기억 속에 프로그램된 모든 것은 여전히 그대로 있었다. 아무도 삭제 버튼을 누르지 않았다. 그래서 바울은 이렇게 기록했다.

> 여러분은 이 시대의 풍조를 본받지 말고, 마음을 새롭게 함으로 변화를 받아서, 하나님의 선하시고 기뻐하시고 완전하신 뜻이 무엇인지를 분별하도록 하십시오(롬 12:2).

우리가 진정으로 거듭나면 우리는 영적으로, 육체적으로 살아 있는 존재가 된다. 우리가 영적으로 다시 태어날 때 일어나는 놀라운 변화는 더 엄청나다. 우리가 육체적으로 죽을 때, 우리는 몸을 비우고 주님의 존전으로 나아간다. 그때까지 우리는 우리의 육체적인 몸을 가지고 무엇인가 해야 되는데, 이것에 관하여 이 책의 마지막 두 장을 할애하였다. 바울이 우리에게, 우리 몸을 산 제물로 하나님께 드리고 우리 몸을 불의의 도구로 사용하지 말라고 강권한 것을 기억하라. 이 진리는 로마서 12장 1절에 요약되어 있다. 그리고 그 다음 구절에서, 우리는 하나님을 떠나 독립적으로 살도록 프로그램되었기 때문에 우리가 마음을 다시 프로그램해야만 한다고 선포하고 있다. 신자로서 우리 앞에 닥치는 가장 큰 문제 두 가지는, 중립적인(그 자체로는 악하지도 선하지도 않은) 우리 몸에 무엇인가 하는 것과 우리 마음을 하나님의 말씀의 진리에 맞게 다시 프로그램해야 한다는 것이다.

내가 해군에 복무할 때, 우리는 배의 함장을 '대장'이라고 불렀다. 내가 처음으로 모신 대장은 아주 비열하고 안 좋은 사람이었다. 그는 하급 장교들을 업신여기고 마음에 드는 장교들과 술을 진탕 마시곤 했다. 그러나 내가 그 배에서 살아남기 위하여는 그의 권위 아래서 적절하게 대처하고 나를 방어하는 법을 배워야 했다. 그러던 어느 날 그는 다른 곳으로 전속 명령을 받았다. 그는 완전히 떠나버렸고 나는 이제 그와 아무런 관계도 없게 되었다. 나는 더 이상 그의 권위 아래 있지 않았다. 우리는 새로운 함장을 맞았는데 그는 좋은 사람이었다. 그러나 내가 그 배에서 어떻게 살았는가 하면, 나는 이전의 대장 밑에서 훈련된 방식 그대로 살고 있었다. 그러나 천천히 깨닫게 된 것은, 이제 더 이상 옛날 방식이 먹혀들지 않는다는 것이었다. 나는 새로운 함장의 권위 아래서 살아가기 위한 새로운 방법을 배워야 했다.

이 비유는 우리의 영적인 삶에도 적용된다. 우리는 더 이상 이 세상 신의 권위 아래 있지 않은데, 이는 그와 관계가 끊어졌기 때문이다. 우리는 참 하나님의 자녀가 되었다. 우리의 최우선 과제는 우리 영혼의 배에 계신 새 함장을 알아가는 것이다. 그래서 바울은 이렇게 기록했다. "모든 것을 해로 여김은 내 주 그리스도 예수를 아는 지식이 가장 고상함을 인함이라"(빌 3:8).

견고한 요새는 어떻게 형성되는가

컴퓨터처럼, 우리 두뇌는 우리가 경험한 모든 것을 하나하나 다 기록해 둔다. 이러한 인상들은 우리의 육체에 어떤 자극을 준다. 어린 시절의 쓰라린 기억에 재접속하며 물리적인 고통을 다시 빚어

내는 어른들도 더러 있다. 이는 하나님 아는 것을 대적하는 요새가 그들 안에 구축되었기 때문이다. 이 요새는 우리의 성격에 영향을 준다. 우리 마음을 새롭게 하고, 우리가 지금까지 믿어온 거짓들을 하나님의 진리의 말씀으로 대체하는 데는 시간이 걸린다. 이 일을 하는 데 필요한 모든 자원을 우리가 갖고 있다는 사실이 곧 좋은 소식(복음)이다. 주께서 성령을 보내셨고, 그는 진리의 영이시며(요 14:16-17을 보라), 우리를 모든 진리 가운데로 인도하신다(요 16:13을 보라). 우리는 하나님과 하나 되었으므로 "우리가 그리스도의 마음을 가졌느니라"(고전 2:16). 우리는 마음의 전쟁에서 승리할 수 있는 우수한 무기를 가지고 있는데, 바울은 고린도후서 10장 3-5절에 이렇게 기록했다.

> 우리가 육신을 입고 살고 있습니다마는, 육정을 따라서 싸우는 것은 아닙니다. 싸움에 쓰는 우리의 무기는, 육체의 무기가 아니라, 하나님 앞에서 견고한 요새라도 무너뜨리는 강력한 무기입니다. 우리는 궤변을 무찌르고, 하나님을 아는 지식을 가로막는 모든 교만을 쳐부수고, 모든 생각을 사로잡아서, 그리스도께 복종시킵니다.

바울은 방어용 무기를 말하는 것이 아니다. 하나님을 아는 지식을 가로막는 견고한 요새를 무너뜨리는 공격용 무기를 말하고 있는 것이다.

어떻게 이런 견고한 요새가 우리 마음속에 건축되었는가? 발달 심리학자들이 일반적으로 동의하는 이론은, 우리의 태도는 자라온 환경에 기본적으로 영향을 받는다는 것이다. 어린 시절에 우리 마음이 프로그램되는 방법은 기본적으로 두 가지다. 첫째로, 우리가 자라난 가정, 출석했거나 아니거나 그 시절의 교회, 함께 자라난 이웃, 우리가 속했던 공동체, 우리가 사귀거나 사귀지 않은 친구들, 그리고 우리 삶에 영향을 끼친 다른 요소 등 우리 삶을 주관하는 보편적인 경험을 통하여 이루어진다. 각각의 양상은 우리의 지각이 발달하는 데 영향을 주고 우리 세계관의 형성에 기여한다.

일반적인 경험들 외에 우리의 정신적 요새를 구축하는 데 기여하는 중요한 요소는 충격적인 경험이다. 예를 들어, 어린 시절 성폭력을 당했거나, 부모가 이혼했거나, 가까운 사람이 죽었거나 하는 경험들이다. 이런 경험들은 우리 마음속에서 오랜 기간에 걸쳐 자리를 잡는 것이 아니라, 강하게 순간적으로 각인되어 버린다. 그리고 이런 경험들은 모두 우리 기억 속에서 어디엔가 저장되고, 우리 두뇌라는 유기체 컴퓨터에는 삭제 버튼이라는 것이 없다.

그러나 인간의 발달에 환경만이 유일한 요소는 아니다. 두 아이가 한 집에서, 같은 부모 아래서, 같은 음식을 먹으며, 비슷한 친구들을 사귀며, 같은 교회에 다녀도 그들은 한 가지 사건에 다르게 반응할 수 있으며, 결과적으로 세상을 다르게 볼 수 있다. 다른 요소는 하나님이다. 하나님은 우리를 창세로부터 알고 계시며(엡 2:10을 보라), 우리 각자를 어머니 태중에서 독특하게 창조하셨다. 야곱과 에서는 같은 태중에서 나왔으나 매우 다른 사람이었다.

우리가 우리 마음을 다시 프로그램하려고 애를 쓸 때, 우리는 매일 경건치 않은 이 세상 구조를 대하게 된다. 바울이 이렇게 경고한 것을 기억하라. "너희는 [더 이상] 이 세대[세상 풍조]를 본받지 말고"(롬 12:2). 우리는 그리스도인이 된 후에도, 우리가 사는 이 세상이 우리 마음에 영향을 미치도록 계속 허락하며 살 수도 있다. 그러므로 바울은 이렇게 경고했다. "누가 철학과 헛된 속임수로 너희를 사로잡을까 주의하라 이것이 사람의 전통과 세상의 초등학문을 따름이요 그리스도를 따름이 아니니라"(골 2:8).

유혹에 맞서기

우리가 이 세상에 사는 한, 우리는 계속 유혹이라는 실재를 대하게 된다. 유혹 당하는 것은 죄가 아니다. 만약 그렇다면 역사상 가장 큰 죄인은 예수님일 텐데, 그는 "모든 일에 우리와 똑같이 시험을 받은 이로되 죄는 없으신 분"(히 4:15)이기 때문이다. 사단은 우리 각자에게 어떤 단추를 누르면 되는지 안다. 그는 우리의 약점과 우리 가정의 내력을 알고 있다. 나를 유혹할 수 있는 것이 다른 사람에게는 유혹이 되지 않을 수 있다. 예를 들면, 돌멩이로 떡을 만들라는 유혹을 받은 것이 언제인가? 이 유혹(또는 시험)은 예수에게만 적용되는 독특한 것이었다. 사단은 예수를 유혹하여, 아버지를 의지하지 않고 독립적으로 능력을 행사하여 자신을 구해보라고 했다. 예수는 신명기 말씀을 인용하여 이 시험에 맞섰다. "기록되었으되 사람이 떡으로만 살 것이 아니요 하나님의 입으로부터 나오는 모든 말씀으로 살 것이라 하였느니라"(마 4:4). 모든 시험은 우리를 유혹하여 하나님을 의지하지 말고 독립적으로 살아가며,

성령을 따르지 말고 육신을 따라 살라는(갈 5:16-23을 보라) 마귀의 계략이다.

우리는 이 세상과 완전히 격리되어 살 수 없으며, 또 그러려고 해서도 안 된다. 우리는 유혹에 맞서는 법을 배워야 한다. 유혹은 우리 마음에 들어온 작은 생각의 씨앗에서 시작된다. 술은 사회적으로 용납되며, 성은 맥주부터 자동차까지 모든 상품의 광고에 사용되고, 도박은 국가가 공인한 것이다. 그 결과로 우리는 끊임없이 폭격을 당하고 있다. 그러나 성적인 죄로 갈등하는 사람들은 외부 세계의 또 다른 자극이 없어도 계속 죄를 지을 수 있는데, 이는 그들의 마음속에 쓰레기 같은 프로그램들이 너무나 많이 쌓여 있어서, 집 밖으로 나가지 않고도 몇 년을 환상 가운데 살 수 있기 때문이다. 그런 이유로 유독 성적 요새는 어려운 것이다. 이 요새는 일단 마음속에 형성되면 그 인상을 언제든지 쉽게 불러낼 수 있다.

만약 우리가 하나님이 예비해 놓으신 길로 탈출하고자 한다면, 우리는 원래의 생각을 사로잡아 그리스도께 복종시켜야 한다. 우리 마음속에 떠도는 생각의 유혹을 허락하면 우리는 필경 멸망에 이르는 길을 가게 될 것이다. 예를 들어서, 어떤 사람이 알코올과 음란물 중독으로 시달린다고 하자. 어느 날 저녁, 아내가 우유를 좀 사다 달라고 하자, 그는 차에 오르면서 어느 상점으로 갈지 잠깐 갈등에 휩싸인다. 동네 상점에는 술도 팔고 포르노 잡지도 있는데, 거기로 가기로 결정한다. 꼭 거기에 가야 하는 것은 아니다. 분위기가 깨끗한 식료품점도 많이 있다.

그가 운전대를 잡고 그 가게로 향하는 순간, 그의 마음은 전쟁에 패배한 것이다. 가게에 도착하기 전에 합리화하려는 생각이 머리를 스친다. '주님, 만약 제가 술을 사는 것을 원치 않으신다면, 그 상점에서 우리 교회 목사님을 만나게 해주세요. 제가 포르노를 보지 못하게 하시려면, 제가 가게에 들어서기 전에 우리 어머니가 제게 전화를 하게 해주십시오.' 그러나 가게에는 목사님도, 다른 아무 아는 사람도 없으므로 그는 술을 사고, 전화가 울리지 않으니 기웃거리며 포르노 잡지를 두 권 정도 집어들었다.

훈련되지 못한 마음은 잠시 동안 합리화할 수 있으나, 편안한 마음은 금세 사라진다. 이 사람은 가게를 떠나기도 전에 죄책감과 부끄러움에 사로잡힌다. 이제 유혹하던 자는 고발하는 자로 돌변하여 "이 구역질나는 인간아, 언제야 이 짓을 그만두겠니? 그러고도 어떻게 그리스도인이라고 할 수 있니?"라고 속삭인다. 집으로 차를 몰면서 그는 소리친다. "오 주님, 용서해 주십시오. 다시는 이 짓을 안 하겠습니다." 그러나 결심은 내일까지만이다.

이 사람은 차에 오르기 전에 이 유혹에서 빠져나갈 길을 선택해야 했다. 계획이 일단 실행 단계에 들어가면, 차를 되돌릴 수 있는 사람은 거의 없다. 왜 그런가?

속사람과 겉사람을 서로 조율하는 법

이 질문에 답하기 위하여 그림2를 보자. 성경은 우리에게 속사람과 겉사람이 있다고 했다(고후 4:16을 보라). 겉사람이란 우리의 물리적인 몸으로, 이 세상과 관계한다. 우리 뇌 역시 겉사람의 일부분이다. 우리 마음mind은 속사람의 일부분이다. 우리의 두뇌와 마음은 근본적인 차이가 있다. 우리 뇌는 유기체이다! 우리가 죽으면 그것은 흙으로 돌아갈 것이다. 우리는 육체를 떠나지만, 마음을 버리지는 않을 것이다.

하나님이 겉사람을 창조하셔서 속사람과 관계를 갖게 하신 것은 의미가 있는 일이다. 마음과 두뇌는 분명히 무슨 관계가 있다. 두뇌는 마치 무슨 컴퓨터처럼 기능한다. 각 신경은 깜박거리는 작은 스위치처럼 작동한다. 각각은 많은 입력(여러 개의 수상돌기들)을 받아들이지만 다른 수상돌기로 신경전달물질을 운반하는 출력(축색돌기)은 하나뿐이다.

이런 뇌세포 수십억 개가 모여 컴퓨터 하드웨어를 구성한다. 다른 한편, 마음이란 것은 컴퓨터의 소프트웨어와 같다. 두뇌란 프로그램된 대로밖에는 움직일 수 없는 것으로, 외부의 데이터를 받아들이며, 마음은 그것을 해석한다.

그림2

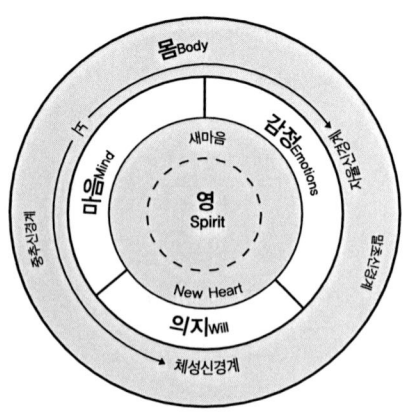

우리들은 보통, 정신적인 문제는 기본적으로 하드웨어가 잘못되어 발생한다고 생각하는 경향이 있다. 물론 기질성 뇌 증후군 organic brain syndrome이나 알츠하이머, 뇌의 화학물질 불균형 같은 유기적 장애가 우리의 기능을 저해할 수 있다는 데는 이론의 여지가 없다. 만약 컴퓨터가 꺼져 있거나 고장 나 있다면 최고의 프로그램이라도 아무 소용이 없을 것이다. 그러나 내 생각에 일차적인 문제는 하드웨어가 아니라 소프트웨어이다. 우리는 하드웨어를 고치는 일에는 별 수가 없으나, 소프트웨어는 바꿀 수 있다. 이제 그리스도 안에서 살아 있는 우리는, 존재의 중심에 그리스도의 마음을 가지고 있다.

말초신경계와 우리의 의지

두뇌와 척수는 중추신경계를 구성하는 것으로, 말초신경계로 뻗어 나간다. 말초신경계에는 두 가지 계통이 있는데, 체성신경계와 자율신경계가 그것이다. 체성신경계somatic nervous system는 말을 하거나 몸을 움직이는 등 우리의 근육과 뼈의 동작을 관장하는 것으로 우리의 의지로 조절할 수 있다. 체성신경계는 의지와 맞물려 작용한다.

자율신경계autonomic nervous system는 신체 내부의 장기나 분비샘 등을 지배하는 조직이다. 우리는 이런 것들을 의지적으로 조절할 능력이 없다. 우리는 심장에게 "뛰어라, 뛰어, 계속 뛰어"라고 말하거나 부신이나 갑상선에게 때마다 분비물을 배출하라고 명령을 내리지 않는다. 이들은 자동적으로 제 기능을 한다.

생식선도 자율신경계에 속한다. 여자의 경우 월경의 주기를 마음대로 조절할 수가 없다. 남자는 한밤중에 성욕과는 관계없이 발기하는 경우가 있다. 이것은 모든 남자들이 대개 90분마다 경험하는 규칙적인 습관의 하나일 뿐이다. 하나님이 우리를 그렇게 창조하셨다.

우리가 생식선의 분비를 조절할 능력이 없다면 왜 하나님은 우리에게 성적인 자제력을 기대하시는 것일까? 반가운 소식은, 우리가 자제력을 발휘하기 위하여 생식선 분비에까지 관여할 필요는 없다는 것이다. 우리는 머릿속 생각만 제어하면 된다. 우리의 생식선은 성적 부도덕의 원인이 되지 않는다. 이들은 하나님께서 주신 방법대로 자율적으로 기능할 것이다. 그러나 만일 우리가 음란물로 뇌를 자극하면 우리의 자율신경계는 거기에 즉각 반응할 것이다. 우리가 출력을 조정할 수는 없지만, 무엇을 입력시킬지는 조정할 수 있다. 컴퓨터와 같은 원리이다. 쓰레기를 집어넣으면 쓰레기가 나온다!

우리는 어떤 영화를 볼지, 어떤 잡지를 볼지는 결정할 수 있으나, 이 세상의 모든 더러운 것들로부터 완전히 차단되어 살 수는 없다. 그리스도인이라 해도 도발적인 여성의 사진이나 성적 자극을 주는 분위기 속에서 일해야 할 수 있다. 술을 끊기로 한 그리스도인이 사업상 식사하는 자리에서 술이 나오는 경우도 있다. 우리가 이 세상에서 보는 것은 우리 눈이라는 통로를 거치는 것이다. 우리는 눈을 감아 이 세상으로부터 흘러들어오는 것들을 차단할 수는 있으나, 그렇게 할지라도 우리의 상상력은 뻗어나갈 수 있다.

만약 우리가 어떤 유혹적인 것을 보면, 그 신호가 우리 뇌에 기록된다. 그때 우리는 선택해야 한다. 우리 마음mind이 거기 머물기를 선택하면, 즉시 생리적인 반응이 따른다. 말초신경계는 중추신경계로부터 내용을 공급받기 때문이다.

다른 기억은 떠올리기가 아주 쉬운데 어떤 일은 기억하기가 너무 어려워서 의아해한 적이 있는가? 나는 신학교를 다닐 때 밤에 몇 시간씩 헬라어를 공부하고서 내일 시험보기 전까지 지워지지 않고 기억되게 해달라고 기도를 했다. 기억한다는 것은 씨름이었다. 그러나 음란물은 다르다. 한 번 본 것은 몇 년이 가도 남아 있는 경우가 있다. 왜 그럴까? 아마 부분적으로는 물리적인 이유도 있을 것이다. 사람이 성적으로 자극을 받으면 내분비선으로 신호가 가고, 이로 인해 혈류 속으로 호르몬이 분비된다. 감정적으로 더 흥분하면, 더 많은 호르몬이 생성된다. 그들은 뇌를 통과하면서 감정적으로 흥분한 상태의 영상이나 소리를 각인한다. 그런 이유로 충격적인 사건이나 좋은 감정을 의지와는 상관없이 자연스럽게 회상하는 것이다. 즐거운 기억은 학습력을 향상시키고 더 오래 머무른다. 내가 헬라어 공부에 흥분을 느꼈더라면 얼마나 좋았을까!

사람들은 성적인 행동을 상상하는 것만으로도 감정적인 흥분과 성적인 자극을 느낀다. 그래서 신체적인 접촉이 있기도 전에 감정적으로 몰입하는 이유가 바로 이것이다. 우유를 사러 포르노를 파는 가게로 가던 남자는 잡지를 보기도 전부터 이미 성적으로 자극을 받고 있었다. 생각하는 것이 흥분을 일으키는 것이다. 그것은 생각으로 시작했지만, 그 생각이 신경계를 자극하고, 이것은 다시 호르몬을 혈류 속으로 분비하게 했다.

알코올 중독자들도 마찬가지 문제를 가지고 있다. 그들이 첫 한 잔을 마시기 전부터 몸 속에서는 아드레날린이 분비된다. 그들은 술병을 보거나 텔레비전 광고만 봐도 입술을 빨면서 조급해한다. 그래서 정부는 독한 술이나 담배의 텔레비전 광고를 규제하고 있다. 중독자가 이런 상태로 마음을 계속 따라가게 내버려두면 몇 분 안에, 혹은 몇 초 안에 온갖 종류의 생리적, 감정적인 반응을 일으킨다. 그것을 생각하는 것만으로도 입에 침이 고이고, 손에 땀이 밴다.

자율신경계와 우리의 감정

우리의 자율신경계는 분명히 우리 내적 존재의 감정적인 부분과 연관되어 있다. 우리가 내분비계통을 제어할 수 없듯이 우리의 감정을 직접적으로 통제할 수도 없다. 만약 할 수 있다고 생각하는 사람은 한번 해보라. 이전에는 지겨워 견딜 수 없었던 사람을 지금 당장 좋아해 보라. 우리는 우리 감정을 그런 식으로 조정할 수 없다. 그러나 우리는 우리의 감정을 인정해야 하는데, 우리가 하나님과 올바른 관계를 가지면 실제적일 수밖에 없기 때문이다. 우리는 무엇을 생각할지를 통제할 수 있고 이것이 절제self-control의 기본이다. "형제자매 여러분, 생각하는 데는 아이가 되지 마십시오. 악에는 아이가 되고, 생각하는 데는 어른이 되십시오"(고전 14:20, 새번역).

"성인 전용"이란 당치도 않은 웃기는 말이다. 그 말은 어른을 위한 도덕기준이 따로 있고 어린이를 위한 도덕기준이 따로 있다는 뜻이다. 음란물은 몇 살에 보건 나쁘다. 술 마시는 것이 어린이에게 나쁘다면 어른에게는 좋은가? 몇 살이 되면 좋아지는가? 어른들은 더 큰 자제력을 갖고 있겠지만, 이 자제력은 어떻게 개발된 것일까? 얼마나 많은 어른이 그리스도의 도움 없이 스스로 죄를 초월하는가? 성숙한 성인들은 음란물을 멀리할 만큼 잘 알고 있으며, 자기 마음이 더러운 것으로 프로그램되는 것을 허락하지 않을 수 있다. 텔레비전 방송에 대해서는 법으로 "이 영화는 19세 미만의 청소년이 시청하기에 부적절하므로 보호자의 시청지도가 필요한 프로그램입니다"라는 경고문을 제시하도록 규정하고 있다. 음란물은 누구에게든지 해로운데, 어른들이 먼저 이 사실을 알아야 한다. 일단 이미지가 마음속에 들어오면, 잔상은 오래 남아 있게 된다.

어떻게 느끼느냐에 대해서는 우리가 통제할 수 없는 것이므로, 우리 자신에게나 다른 사람에게나 "그런 느낌을 가져서는 안 돼"라는 표현은 아예 우리 언어생활에서 **빼버리는** 것이 낫다. 그것은 거부의 교묘한 형태로, 중독자들은 이런 말이 더 이상 필요 없다. 우리의 느낌에 대하여 우리가 할 수 있는 것은 무엇인가? 아무것도 없다. 정말 중요한 문제는 우리가 하나님에 대하여, 우리 자신에 대하여, 우리 주변의 환경에 대하여 어떻게 믿느냐는 것이다. 유별나게 다른 느낌을 갖는 사람들은 아마도 전체 상황을 온전히 이해하지 못한 사람일 것이다. 그들은 어떤 사람을 잘못 판단했거나, 아니면 단순히, 하나님을 의지할 필요가 있는 경우일 것이다.

우리 느낌은 기본적으로 우리 사고방식의 산물이다. 어떤 사건이나 어떤 사람이 우리에게 특정한 느낌을 갖게 한다고 믿는 경향이 있으나, 그것은 사실이 아니다. 외부에서 들어오는 모든 입력은 우리 마음에서 처리되는데, 마음은 우리가 제어할 수 있다. 그러니까 논리적으로 우리의 느낌은 우리가 무엇을 믿기로 선택하느냐에 따라 왜곡될 수 있다. 우리가 믿기로 선택한 것이 진리를 반영하지 않는다면, 우리가 느끼는 것도 현실을 반영하지 않는다.

예를 들어 당신이 다니는 회사가 조직을 축소하여 몇몇 동료들이 직장을 잃게 되었다고 하자. 월요일 아침, 책상 위에 상사가 보낸 쪽지가 있는데 금요일 오전 10시에 만나자는 것이다. 그 주간 내내 어떤 느낌이 들까? 처음에는 화가 났는데, 직장을 그만두게 될 거라는 생각 때문이다. 상사가 무슨 말을 할지, 무슨 행동을 할지 알 수 없어, 당신은 불안을 느낀다. 그 주 중간쯤 되자 마음속으로 금요일에 해고당할 것이라는 생각이 점점 강하게 든다. 이제 와서 다른 직장을 찾는 것도 불가능한 일이라 당신은 낙심한다. 금요일 아침이 닥치자 당신은 완전히 쓰레기통에 처박힌 기분이다. 괴롭고 불안한 걸음으로 무겁게 상사의 사무실에 들어섰는데 "축하합니다! 당신은 부사장으로 승진되었습니다"라는 소리를 듣는다. 그 순간 잠깐 현기증을 느낀다. 그 주간 내내 느낀 감정들은 현실과 맞지 않았다. 당신의 생각이 진리에 근거하지 않았기 때문이다.

몇 가지 요새의 원인

우리는 모두 날마다 유혹을 경험한다. 마귀는 우리가 육신을 따라 살고, 결과적으로 하나님을 떠나 독립적으로 살기를 바란다. 예를 들어, 우리가 알면서도 유혹에 굴복하는 결정을 내렸다고 가정하자. 이 결정에 따른 행동을 계속한다면, 우리는 약 6주 만에 어떤 습관을 형성할 것이다. 이 습관이 지속되면, 우리 마음속에 요새(stronghold, 견고한 진)가 구축된다.

요새란 오랜 기간에 걸쳐 서서히, 또는 충격적인 경험으로 강하게 우리 마음속에 각인된, 생각이나 기억의 잔상 등의 습관적인 양식이다. 이것은 마치 초원 위로 트럭을 몰아 거듭 지나는 것과 같다. 오래지 않아 푹신한 잔디 위로 깊은 바퀴 자국이 생기고 트럭은 이내 그 자국을 따라 달릴 것이다. 이 자국을 벗어나 차를 운전하려고 하면 바퀴가 말을 잘 듣지 않을 것이다. 저술가요 강사인 에드 실보소Ed Silvoso는 요새를 "바꿀 수 없다고 생각하게 만드는 절망, 내가 아는 지식이 하나님의 뜻에 반대된다고 생각되는 현실로 가득찬 심적 경향mind-set"이라고 정의했다.[1] 정신적인 요새를 어떤 사람들은 육신의 형식flesh patterns이라고 하고, 심리학자들은 방어기제defense mechanisms라고 이야기한다. 요새를 형성할 수 있는 조합의 수는 거의 무한대이다.

대부분의 그리스도인은 열등감에 시달리고 있다. 열등의식은 하루아침에 형성되는 것은 아니다. 이것은 성과를 중요시하는 가정에서(대부분의 가정은 여기 해당된다) 자라난 사람들 가운데 많다. 우리가 아무리 노력을 해도 다른 사람의 기대를 만족시키며 살 수는 없다. 우리들은 결코 이룰 수 없는 목표를 달성해 인정을 받으려고 더욱 매진한다. 이런 세상 구조 속에서 자라난 우리는 불가피하게 열등의식과 싸운다. 우리 주위에는 항상 더 강하고, 더 똑똑하고, 더 예쁜 사람들이 있을 것이기 때문이다.

알코올 중독자의 가정에서 자라난 아이들은 정신적인 요새를 구축하게 된다. 세 소년을 예로 들어보자. 이해를 돕기 위해, 이들은 수년 동안 술을 마시다가 결국은 중독이 된 아버지 밑에서 자랐다고 가정하자. 제일 큰 아이는 자신이 아버지를 대항할 만큼 강하다고 생각했다. 이 술주정뱅이 아버지로부터 얻을 것은 없었다. 둘째 아이는 아버지를 대항할 만한 힘은 없다고 생각했으므로 아버지를 그냥 용인하기로 했다. 막내아들은 공포를 느끼고 아버지가 집에 돌아오면 벽장이나 침대 밑으로 숨었다. 20년 후에 아버지는 돌아가시고 이제 세 아들은 성인이 되었다. 그러나 그들은 지금도 어려운 환경을 만나면 어떻게 반응하는가 하면, 첫째 아들은 싸우고, 둘째는 적당히 수용하고, 셋째는 도망가서 숨는다.

동성애homosexuality는 또 다른 요새인데, 전통적인 치료법에는 반발이 심해서 다루기가 아주 어렵다. 이 거미줄에 걸린 사람들이 원래 그렇게 태어나는 것은 아니다. 유전적으로 어떤 부분에 강하고 약한 경향을 가질 수는 있으나 이러한 유전적 소질이 그들을 동성애자로 만드는 것은 아니다. 동성애란 속임수이며, 우리가 자신에게나 다른 사람들에게 붙이는 또 하나의 잘못된 정체성일 뿐이다. 동성애자라는 것은 없다. 하나님께서는 사람을 남자와 여자로 지으셨다. 그러나 동성애적 생각, 느낌, 행위라는 것은 있다. 하나님이 정죄하시는 것은 후자이다. 동성애로 갈등하는 사람들에게 계속 정죄감을 심어주는 것으로는 생산적인 결과를 얻을 수 없다. 그들에게 더 이상의 정죄는 필요하지 않다. 그들은 이미, 엄청난 정체성의 위기로 고통당하고 있다. 그들 가운데 많은 사람들을 그런 삶의 형태로 몰아낸 것은 무엇보다도 고압적인 권위주의이다.

동성애적 성향이나 동성애적 습관이 있는 사람들은 대부분 어린 시절 발달에 장애를 겪은 사람들이다. 성희롱, 부모의 역할이 뒤바뀐 역기능 가정, 자신의 성 정체성을 확립하기 전에 동성애에 관한 글을 읽은 경험, 이성과의 관계가 미숙하거나 놀이터에서 놀림을 당한 경험, 이 모든 것이 동성애로 시달리는 많은 사람들의 정신적, 감정적 발달에 기여했다. 이들은 이러한 정신적, 감정적 어려움을 일으킨 사건들을 해결해야 하고, 그 마음을 하나님의 진리의 말씀으로 다시 프로그램하여야 한다.

때때로 그런 사건을 기억해내기 어려운 경우도 있다. 그럴 때 우리는 어떻게 이런 요새가 형성되었는지를 어떻게 설명할 수 있을까? 한 젊은이가 학교 탈의실에서 벌거벗은 남자를 보고 호기심이 생겼다. 그냥 그랬을 뿐, 잠깐 호기심이 들었을 뿐이고 그는 이 생각을 지워버릴 수 있다. 그런데 이런 일이 재차 삼차 생기자 그는 이렇게 생각하기 시작한다. '왜 내가 그 생각을 하고 있지? 자꾸 그런 생각을 하다니, 나는 혹시 동성애자가 아닐까?' 사실에 근거하지 않은 이 거짓을 믿는 순간, 그 속에는 성적 요새가 자리를 잡기 시작한다. 모든 생각을 사로잡아 그리스도에게 복종시키지 않고 그의 마음이 성적인 생각에 머물도록 그냥 내버려두어, 이것이 그의 느낌에까지 영향을 주었다. 그런 다음에는 실제로 다른 남자와 관계를 갖고, 이렇게 자신의 몸을 불의의 도구로 사용했으므로 죄가 그의 죽을 몸을 다스리기 시작한다.

우리 몸의 지체와 싸우고 있는 죄를 극복하기 위하여는, 우리 몸을 불의의 도구로 사용할 것을 배격하고 하나님께 산 제물로 드려야 하며 우리 마음을 새롭게 함으로써 변화되어야 한다. 그러나 아직 완전한 답을 찾은 것은 아니다. 우리의 성화sanctification를 방해하는 적은 이 세상과 육신과 마귀이다. 다음 장에서는 우리 마음속의 영적 전투를 다룰 것이다. 그러면 우리는 정신적 요새를 파괴하는 데 필요한 모든 장비를 갖추는 것이다.

《연구》
1. 우리 삶에 영향을 주는 각종 요새를 밝혀내고 처리하는 것은 왜 중요한가?
2. "그리스도의 마음"을 갖는다는 것은 무슨 의미인가?
3. 속사람과 겉사람의 차이는 무엇인가? 이 둘은 함께 어떻게 작용하는가?
4. 우리 삶의 여러 선택은 이 속사람과 겉사람에 어떤 영향을 주는가?

《주》
1. Ed Silvoso, That None Should Perish (Ventura, CA: Regal Books, 1994), p. 155. 《아무도 멸망치 않기를》(서로사랑 역간).

09 요 새 를 허 물 라

| Tearing Down Strongholds |

마음의 죄로 이룬 소굴은 마귀가 거하는 마지막 장소이다.

재롤 존슨

하나님이 우리에게 산을 옮기라 명하실 때, 그는 철장을 택하시지 않고 작은 벌레를 택하신다. 사실, 우리는 너무 강하다. 우리는 충분히 약해져야 한다. 우리가 원하는 것은 우리의 힘이 아니다. 하나님의 능력 한 방울이라도 온 세상보다 더 강하다.

드와이트 L. 무디

중독에 시달리는 사람이 말했다. "나는 연약한 사람인가 봐요."

마이크Mike Quarles가 대답했다. "그렇지 않아요. 오히려 너무 강한 것이 문제예요. 당신이 이 난관을 당신의 힘과 자원으로 벗어날 수 있다고 생각하는 한, 수고만 할 뿐이지요. 당신은 체면을 차리려고 애를 쓰지만 그럴수록 하나님의 은혜를 경험하기는 어려울 거예요."

많은 사람들이 자신의 힘으로 죄의 노예에서 벗어나려고 애를 쓴다. 어떤 사람들은 세상의 프로그램과 인기 비법을 의지하기도 한다. 이런 방법으로 중독자들이 어느 정도는 절제에 성공할지 모르나, 그들이 진정 바라는 감정적, 정신적, 영적인 자유는 계속 잡힐 듯 잡힐 듯 멀어진다. 이런 얄팍한 인간적 노력으로는 우리 인생을 온전히 주장할 수 없다.

그런데 우리가 그리스도의 주권에 완전히 순복할 때, 성령의 열매인 절제로서 우리 자신을 통제하게 되는데, 이는 아이러니가 아닐 수 없다. 우리는 우리 행위로가 아니라 믿음으로, 구원받고 성화되었다. 바울은 이렇게 기록했다.

우리가 이런 일을 할 수 있는 자격이 우리에게서 났다고 생각하지 않습니다. 우리의 자격은 하나님에게서 납니다. 하나님께서 우리에게 새 언약의 일꾼이 되는 자격을 주셨습니다. 이 새 언약은 문자로 된 것이 아니라, 영으로 된 것입니다. 문자는 사람을 죽이고, 영은 사람을 살립니다(고후 3:5-6).

성령은 우리에게 생명과 힘을 주시고 길을 인도하시지만, 거짓 영은 우리를 타락시키고 노예로 묶어두려 한다. 한 목사님은 그 교회의 교인 중에 약물 의존증을 보이는 이들이 여럿 있다는 이야기를 들려주었다. 그래서 그들은 중독에서 벗어나기를 원하는 사람들을 돕는 사역을 시작하기로 하고 계획을 세웠다. 그 사역을 소개하는 소책자를 만들 때였는데, 앞표지에 "이런 소리를 듣기에 지치셨나요?"라는 문구를 넣자고 모두들 입을 모았다. '이런 소리'라는 것은 무엇이며, 우리는 어떻게 우리 마음의 전쟁에서 승리할 수 있는가? 마음속 전쟁에서의 승리는 회복이라는 퍼즐을 완성하는 마지막 조각이다.

혼합된 메시지

이 세상에는 온갖 종류의 혼합된 메시지가 난무하고 있다. 그 결과로 혼합된 감정도 가지각색이다. 어떤 그리스도인들은 구원받았다는 느낌이 없고, 하나님이 그들을 사랑하는 것 같지 않고, 자신이 아무 짝에도 쓸 수 없는 존재라고 생각한다. 이런 메시지는 사실이 아니지만 많은 사람들이 이것을 믿고, 그 결과로 무책임한 행동을 하고 감정의 고통을 받는다. 이 모든 메시지들이 반드시 세상으로부터 오는 것은 아니라고 성경은 분명히 가르친다. 바울은 "성령이 밝히 말씀하시기를 후일에 어떤 사람들이 믿음에서 떠나 미혹하는 영과 귀신의 가르침을 따르리라 하셨으니"(딤전 4:1)라고 기록했다. 나는 환청이 들린다거나, 유혹하고 비난하는 망령된 생각에 시달리는 사람들 수백 명을 상담했는데, 많은 경우 그 정체는 그들 마음속에서 일어나는 영적 전쟁이었다.

사단이 우리를 꾀어 거짓을 믿게 할 수 있다면, 그는 우리를 감정적으로 정신적으로 영적으로 결박하여 결국 우리가 우리 삶을 통제하기를 완전히 포기하게 만들고자 한다. 사단의 기본전략은 그리스도 안에 있는 우리의 정체성과 신분에 대한 진실을 왜곡하고 하나님에 대한 우리의 이해를 왜곡시키는 것이다. 신학생들과 이야기를 해보면, 그들은 지식적으로 하나님이 전지전능, 무소부재하시고 모든 일에 인자와 사랑을 베푸시는 분이라는 것을 알지만, 하나님에 대하여 그들이 느끼는 감정은 "나를 사랑하시는지 잘 모르겠어요!"라는 것이다. 그들의 느낌은 사실과 일치하지 않는데, 이는 그들이 하나님을 아는 지식에 반하는 사고방식으로 자라왔기 때문이다. 그리스도 안에 있는 우리 신분에 대하여 사단은 아무것도 할 수 없으나, 그가 우리를 속여 그것이 사실이 아니라고 믿게 하기만 하면, 우리는 그것이 사실이 아닌 것처럼 살아간다. 사람들은 스스로 말하는 대로 항상 살아가는 것은 아니지만, 스스로 믿는 대로 살아가는 일은 어김없다.

우리 문제는 과거에 우리가 무엇을 믿었느냐에서만 연유하지는 않는다. 우리는 끊임없이 모든 생각을 사로잡아 그리스도께 복종시켜야 한다(고후 10:5을 보라)고 바울은 말하고 있다. "생각"이란 단어는 헬라어 *noema*에서 온 것인데, 바울이 이 단어를 이 서신서의 다른 부분에서는 어떻게 사용했는지 유의하여 보라. "내가 … 용서한 그것은 너희를 위하여 그리스도 앞에서 한 것이니 이는 우리로 사탄에게 속지 않게 하려 함이라 우리는 그 계책*noema*을 알지 못하는 바가 아니로라"(2:10-11). 사단이 교회에 파고들기 가장 용이한 경로는 우리에게 상처를 입힌 사람을 용서하고 싶지 않은 마음이다. 적어도 우리가 상담한 수천 명의 사람들에게는 분명히 그랬다.

또 다른 구절에서 바울은 이렇게 기록했다. "이 세상 신이 믿지 아니하는 자들의 마음*noema*을 혼미하게 하여 그리스도의 영광의 복음의 광채가 비치지 못하게 함이니"(고후 4:4). 이것이 세계 복음화에 얼마나 지장을 초래할지 상상을 해보라. 이 서신서에서 한 구절을 더 보기로 하자. "뱀이 그 간계로 하와를 미혹한 것 같이 너희 마음noema이 그리스도를 향하는 진실함과 깨끗함에서 떠나 부패할까 두려워하노라"(11:3). 나도 그것이 염려스럽다.

영적 전쟁을 인식하라

어떤 재활 프로그램에 참석하든지, 중독자들은 그들 머릿속에서 벌어지는 회의에 신경을 쓰지 말라는 말을 듣는다. 머릿속의 회의란 무엇인가? 상담자들은 이들의 마음속 전쟁을 악취 나는 생각이라고 부르는데, 이는 중독행동으로 씨름하는 이들에게는 익숙한 개념이다. 솔로몬은 술을 너무 많이 마시는 사람들에게 이런 말을 했다. "네 눈에는 괴이한 것이 보일 것이요 네 마음은 구부러진 말을 할 것이며"(잠 23:33). 이것이 우리 옛사람(육신)과 씨름하는 것이 아니면 무엇이란 말인가?

만약 우리 마음속에 영적인 전쟁이 일어나고 있다면 왜 우리는 그것을 인식하지 못할까? 한 가지 이유는 내가 당신의 마음을 읽을 수 없고, 당신도 나의 마음을 읽을 수 없기 때문이다. 상대방이 용기를 내어 자신의 이야기를 나누지 않으면 우리는 그 마음속에서 무슨 일이 일어나고 있는지 알 도리가 없다. 많은 경우에 사람들은 속 이야기를 하지 않는데, 그러면 다른 사람들이 자기를 정신적으로 문제가 있다고 생각할까 봐 두렵기 때문이다. 내담자들은 과거의 상처나 충격을 고백하지만, 그가 믿을 만한 사람인지, 자기 머릿속에서 벌어지는 일들을 이야기해도 괜찮은 사람인지를 확인한 후에, 그에게만 입을 연다. 이들은 정신적으로 문제가 있는 사람들인가, 아니면 마음을 통제하려는 전쟁에 임하고 있는가? 일반적으로 정신건강 전문가들은 균형 잡힌 성경의 가르침을 받아들이지 않기 때문에 한 가지 결론밖에 내리지 못하는데, 그것은 '마음 속에서 일어나는 문제는 어떤 것이든지 심리학 아니면 신경학으로 규명할 수 있다' 는 것이다.

갑작스런 충격과 혼돈을 경험하거나 심한 우울증에 시달리거나, 다른 사람들에게는 안 보이는 사물이 보인다는 사람들은 대개, 체내 화학물질의 불균형 때문이라는 진단을 받는다. 그들은 약을 처방 받고, 문제가 해결되거나 증상이 없어지기를 바랄 것이다. 같은 문제로 고통을 겪는 사람들 중 일부는 스스로 처방을 하는데 바로 술이나 마약이다. 체내 화학물질의 균형이 깨어지면 그로 인해 정신적, 감정적 불편을 초래할 수 있다. 호르몬의 이상이 우리 몸을 이렇게 망가뜨릴 수 있는 것이 사실이나, 그렇다면 다른 질문들도 물어야 한다. 어떻게 화학물질이 개인의 생각을 만들어낼까? 어떻게 우리의 신경전달물질은 통제할 새도 없이, 무작위로 번쩍거리며 우리가 생각하고자 하지 않는 생각을 일으키는가? 이런 현상에 대한 자연적인 해답이 있는가? 나는 이에 대한 적절한 해답과 설명을 듣고 싶다. 사람들이 패배감을 느끼며 인생을 사는 것을 원치 않기 때문이다. 나는 또한 그들의 문제가 하나님의 은혜로 해결되기를 바라지만, 많은 경우에 우리가 영적인 세계의 실제를 심각하게 고려하지 않는 한 이런 일은 일어나지 않는다.

환청이 들렸다고 할 때, 그들이 실제로 듣는 것은 무엇일까? 우리가 귀를 통해 물리적으로 무슨 소리를 듣는다는 것은, 음원sound source이 있어서 공기 분자들을 진동시키는 것이다. 음파가 공기를 물리적 매개로 하여 우리의 고막을 두드리고, 고막은 그 신호를 뇌로 전달한다. 우리가 듣는다는 것은 물리적으로 이런 형식이다. 그러나 사람들이 듣는다는 소리, 또는 떨쳐버릴 수 없는 생각이란 이런 종류의 것이 아니다.

마찬가지로, 어떤 사람들은 다른 사람이 보지 못하는 것을 본다고 하는데, 대체 이들이 본다는 것은 실제로 무엇일까? 본래 우리가 무엇을 본다는 것은 어떤 물체에 반사된 빛이 우리 눈에 도달하고, 그것이 신호를 뇌에 전달하는 것이다. 사단과 마귀들은 영적인 존재들이기 때문에 물질적인 요소가 없고, 그런 연고로 우리 몸의 눈과 귀로는 이런 영적인 존재를 보거나 들을 수 없다.

> 우리의 씨름은 혈과 육을 상대하는 것이 아니요 정사와 권세와 이 어둠의 세상 주관자들과 하늘에 있는 악의 영들을 상대함이라(엡 6:12, 개역개정).

이 전쟁에는 물리적인 소리를 발생시키거나 빛을 반사시키는 물리적 실체가 개입하지 않으므로, 마음속에서 벌어진다. 세속 사회는 영적인 세계를 전혀 알지 못하므로, 하나님을 믿지 않는 사람들은 보고되는 현상에 대해 자연적인 설명을 찾아내는 것 외에는 달리 선택의 여지가 없다. 내가 받은 다음 편지를 읽고, 설명을 해보기로 하자.

몇 년 동안 제 머릿속에는 어떤 '소리'가 들려왔습니다. 대충 네 가지 소리인데 어떤 때는 모두 크게 합창하는 것 같았습니다. 텔레비전이나 잡지에서 정신분열증이라는 제목을 볼 때마다 저는 이렇게 생각했습니다. '나는 정신분열증이 아니야. 그럼 내 머릿속의 이것들은 뭐란 말인가?' 저는 이 소리들에게 고문을 당하고 조롱과 비난을 당합니다. 내 생각 하나하나가 모두 형편없는 것으로 평가받고, 그래서 저는 자존감이 아주 빵점입니다. 저는 종종 이 소리가 잠잠해지기만을 바랐습니다. 그리고 다른 사람들도 이런 경험을 하는지, 또 이런 경우가 흔한지 정말 알고 싶었습니다.

선생님을 통해, 모든 생각을 사로잡아 그리스도께 복종시키는 것에 대해 배우기 시작하고, 환청을 경험한 다른 사람들의 이야기를 읽으면서 저는 이 소리의 정체를 알게 되었고, 이 소리가 나를 떠나가게 할 수 있었습니다.

수년 동안이나 이런 고통을 받다가 소리가 없어지고 조용하니 놀랍고 좋습니다. 마음속의 이 자유와 함께 따라온 모든 놀라운 일들을 다 설명할 필요는 없겠지요. 선생님이 이렇게 잘 아시니 참 축복입니다.[1]

원수를 대적하라

해답은 "동성애의 영을 쫓아내라" "음란의 영을 쫓아내라" "술의 영을 쫓아내라"가 아니다. 이런 단순한 생각이 교회의 신뢰도를 추락시키고 온전한 해답을 찾지 못한 많은 중독자들에게 교회를 떠나게 만들었다. 나는 어느 날 텔레비전에서 교회를 떠난 많은 동성애자들이 행진하면서 기독교를 비웃는 것을 보았다. 선한 의도로 그들에게서 이런저런 귀신을 내어쫓으려 한 기독교인들에게 시달리다가 그들은 교회를 등지고 만 것이다. 오해하지 말라, 사단이 이 문제의 한 부분이라는 데는 의심의 여지가 없고, 우리가 허락한다면 그 귀신들이 우리를 유혹하고 송사하고 속인다는 것도 분명하다. 그들은 우리가 허락하는 부분에서만 힘을 쓴다.

어떤 사람에게서 귀신을 내어쫓는 것은 현실의 다른 여러 차원을 깊이 고려하지 않은 것으로, 나는 개인적으로 이것이 영적인 문제를 해결하는 최선의 방법이라고는 생각하지 않는다. 패배한 그리스도인들은 마치 쓰레기로 가득 찬 집과 같다. 몇 달 동안 쓰레기를 치우지 않고, 여기저기 흘린 것들은 닦지 않은 채 널려 있다. 파리들이 웅웅거리는데, 우리는 그 파리들의 행동습성을 연구하고, 대장이 어떤 놈인지 밝혀내고, 모든 파리를 규명하고 순위를 매길 수 있지만, 그렇다 해도 문제가 해결되는 것은 아니다. 우리가 파리를 쫓아버려도 그들은 금방 되돌아올 것이다. 우리는 그 쓰레기를 모두 치워야 한다. 회개와 하나님을 믿는 믿음만이 언제까지나 해답이 될 것이다. 그것은 하나님께 순복하고, 마귀를 대적함으로(약 4:7을 보라) 가능할 것이다. 먼저 하나님께 순복하지 않고 마귀를 대적하려 한다면, 우리는 한바탕 개싸움을 벌여야 할 것이다. 우리가 하나님께는 순복하지만 마귀를 대적하지 않으면 우리는 여전히 죄의 멍에에 매여 있을 것이다. 대부분의 재활 프로그램들이 이 두 가지를 모두 하지 않는 것은 참으로 비극이다.

바울은 우리에게 하나님의 갑옷을 입으라고 권하고 있다(엡 6:10-18을 보라). 진리의 허리띠는 우리를 거짓의 아비로부터 보호한다. 의의 호심경breastplate은 형제를 송사하는 자로부터 우리를 지켜준다. 그리고 바울은 이렇게 요약한다. "모든 것 위에 믿음의 방패를 가지고 이로써 능히 악한 자의 모든 불화살을 소멸하고"(엡 6:16). 불화살이란 누구나 맞닥뜨리게 되는, 우리를 유혹하고 비난하고 속이는 생각들이다. 건강한 그리스도인들은 이런 것들에 관심하지 않는다. 우리는 진리를 알고, 그대로 믿기를 선택한다. 우리가 만약 모든 생각을 사로잡아 그리스도께 복종시키지 않는다면 무슨 일이 발생할까? 우리가 그런 생각들에 마음을 빼앗기게 되면 우리 마음속에 요새를 구축하고 음란한 습관과 감정적인 쓰레기를 채워 넣기 시작할 것이다.

번민을 일으키는 생각들이 모두 사단으로부터 온다고 생각할 것은 없다. 어떤 생각이 텔레비전으로부터 왔는지 아니면 기억이나 상상으로부터 왔는지 하는 문제는 어떤 면에서는 상관이 없다. 왜냐하면 해답은 단 한 가지이기 때문이다. 우리는 진리를 생각하기로 늘 선택해야 한다. 우리는 모든 생각의 근원을 분석해 보려고 노력할 수 있으나, 그것이 문제를 해결해주는 것은 아니다. 오히려 우리 자신의 주관이라는 미로에 붙잡혀 너무 많은 시간을 분석하는 데 쏟아붓고 그대로 정체될 수 있다. 중독행동에 대한 명쾌한 해석을 제시하고 그들이 왜 중독에 시달리는지를 말해준다고 해서 문제가 해결되는 것은 결코 아니다.

자유를 발견하는 희망

그리스도 안에서 자유를 발견하고자 하는 이는, 스스로의 행동과 태도에 책임을 져야 한다. 우리는 그들을 대신해서 용서를 할 수도, 대신 습관을 버릴 수도, 생각을 대신 해줄 수도 없다. 하나님께 순복하고 마귀를 대적하는 것은 각자의 책임이다. 목사나 상담자의 책임은 디모데후서 2장 24-26절에 기록되어 있다.

> 주님의 종은 다투지 말아야 합니다. 그는 모든 사람에게 온유하고, 잘 가르치고, 참을성이 있어야 하고, 반대하는 사람을 온화하게 바로잡아 주어야 합니다. 그렇게 하면, 아마도 하나님께서 그 반대하는 사람들을 회개시키셔서, 진리를 깨닫게 하실 것입니다. 그들은 악마에게 사로잡혀서 악마의 뜻을 좇았지만, 정신을 차려서 그 악마의 올무에서 벗어날 것입니다.

이 말씀은 능력 있는 사람이 아니라 온유하고, 인내하고, 가르칠 수 있는 사람을 그리고 있다. 주님만이 우리에게 회개를 허락하시고 우리를 자유케 하시는 분이심을 이 말씀은 분명히 보여주고 있다. 또한 이 전쟁이 마음속에서 일어나는 것이며, 진리가 어떻게 사로잡힌 자를 자유케 하는지를 보여주고 있다. 물론 사로잡힌 사람이 진리를 알고, 그것을 믿기로 결단해야 하는 것은 말할 것도 없다.

과연 우리는 정신적인 요새를 무너뜨릴 수 있을까? 물론 할 수 있다. 우리가 잘못된 훈련을 받았다면, 다시 훈련을 받을 수 있다. 우리 마음이 잘못 프로그램되었다면, 다시 프로그램하면 된다. 우리가 무슨 일을 잘못 배웠다면, 다시 바른 방법으로 잘 배우면 된다. 우리가 거짓을 믿었다면, 이제 우리는 거짓을 배격하고 진리를 믿기로 결단할 수 있다. 그러나 이렇게 마음을 새롭게 하고 그리스도 안에서 성숙해 나아가는 데는 남은 인생 전부가 걸릴 것이다. 우리 마음은 결코 완전히 새로워질 수 없고, 우리 인격은 항상 완전함에 미달한다. 그럼에도 불구하고 완전함은 여전히 우리의 목표이다. 단, 우리가 하나님을 믿는 믿음과 순전한 회개를 통하여 우리의 개인적인 문제와 영적인 갈등을 해결하지 않는다면 성장의 과정은 멈출 것이다. 멍에를 지고 노예로 살아가는 사람들은 이 책 저 책, 이 프로그램 저 프로그램, 이 교회 저 교회, 이 상담자 저 상담자를 찾아가겠지만, 아무것도 제대로 작용하는 것 같지 않을 것이다. 그들은 과거의 사슬에 매여 있어서 성장할 수가 없다. 그들은 하나님과의 사이에서 해결되지 않은 문제가 있고, 그것 때문에 하나님의 은혜를 경험하지 못한다. 그들은 이리저리 시선을 빼앗기며 거짓의 아비에게 속임을 당한다.

내가 젊은 그리스도인이었을 때, 나는 내 마음을 깨끗이 청소하기로 결정했다. 그런 결정을 내렸을 때, 전쟁은 더 쉬워졌을까 어려워졌을까? 물론 더 어려워졌다. 우리가 쉽게 항복한다면, 유혹은 그리 대단한 전쟁이 되지 않을 것이다. 우리가 유혹에 맞서기로 결정할 때 전쟁은 치열해진다. 나는 항상 교회를 다니기는 했지만, 20대가 되기 전까지는 그리스도인이 아니었다. 나는 훌륭한 도덕적 가치들에 의해 양육받았는데, 이것은 감사한 일이다. 그러나 해군에서 4년을 지내면서 내 마음은 온갖 쓰레기에 노출되었다. 군에서 처음 2년은 술을 마시지 않았지만, 그 후에 나는 친구들과 어울리기 시작했다. 다행히도 나는 습관이 들 만큼 술을 오래 마시지도, 자주 마시지도 않았으나 많은 음란물을 보았고 그것이 문제였다. 한번 본 그림은 몇 달이고 몇 년이고 마음속을 떠다녔다. 역겨웠다. 매번 음란물이 있는 곳을 갈 때마다 갈등했다. 나는 드디어 승리했다. 그 이야기를 나누고 싶다.

우리 마음을 물이 담긴 유리그릇이라고 생각해 보자. 우리는 그 안의 물이 깨끗하기를 원하는데, 불행히도 우리가 커피가루를 좀 넣었다. 커피가 섞이자 물은 어둡고 탁하게 물들었고, 그것을 걸러도 물을 맑게 할 수는 없다. 그 옆에 커다란 얼음그릇이 있는데, 이것은 하나님의 말씀이라고 하자. 우리는 하루에 얼음덩이를 하나나 둘밖에 넣을 수가 없기 때문에 이 일은 처음에 헛된 것으로 보였다. 그러나 시간이 흐르면서 물은 조금씩 덜 탁해 보였고 이제는 맛으로나 냄새로나 커피가 들어갔다는 것을 거의 느끼지 못할 정도가 되었다. 우리가 커피를 더 집어넣지 않는 한, 이 과정은 성공할 것이다.

마음의 전쟁에서 승리하는 이 과정은, 처음 시작하는 대부분의 사람에게 두 걸음 전진에 한 걸음 후퇴인 것만 같다. 그러나 끈질기게 노력하면 세 걸음 전진, 한 걸음 후퇴가 될 것이다. 그러고는 모든 생각을 그리스도께로 사로잡아오는 법을 배우면서, 네 걸음, 다섯 걸음 전진하는 식으로 발전한다. 우리는 한 걸음 후퇴할 때마다 낙심하지만 하나님은 결코 우리를 포기하지 않으신다. 기억하라, 우리 죄는 이미 용서되었다. 우리는 단지 믿음으로, 모든 생각을 사로잡아 그리스도께 복종시키면서 살기만 하면 된다. 이것은 곧, 우리가 진리 이외의 것은 생각하지 않는다는 뜻이다. 우리는 죄에 대하여 죽고 그리스도 안에서 살아 있으므로 이 전쟁은 이길 만한 전쟁이다. 그리스도는 이미 가장 위대한 전투를 승리하신 분이다. 하나님은 이 자유를 누리도록 우리를 부르셨는데, 이 자유는 우리가 이 땅에서 누릴 수 있는 가장 위대한 복이다. 이 자유는 그것을 얻기 위해 싸울 만한 가치가 있다. 우리가 하나님의 자녀로서 누구인지를 더 알아갈수록, 이 마음속의 전쟁이란 것이 무엇인지를 더 알아갈수록, 과정은 점점 쉬워진다. 결국 스무 걸음 전진에 한 걸음 후퇴가 될 것이며 마지막에는 계속 전진하다가 간혹 미끄러지기만 할 것이다.

바울은 이렇게 기록했다. "그리스도의 평강이 너희 마음을 주장하게 하라 너희는 평강을 위하여 한 몸으로 부르심을 받았나니 너희는 또한 감사하는 자가 되라"(골 3:15). 어떻게 우리가 이렇게 할 수 있는지 다음 구절에서 설명하고 있다. "그리스도의 말씀이 너희 속에 풍성히 거하[게 하라]"(골 3:16). 우리는 마음을 얼음처럼 맑은 하나님의 말씀으로 채워야 한다. 그 외에 다른 길은 없다. 나쁜 생각을 하지 않으려고 애를 쓰는 것은 효과가 없다. 나를 유혹하고 비난하고 속이는 모든 생각을 엄하게 꾸짖는다고 되는 것도 아니다. 그렇게 하는 것은 땅 짚고 헤엄치는 것과 마찬가지로, 우리의 재활과정에 아무런 보탬도 되지 않는다. 호수 한가운데 서서 조그만 뽕망치를 들고 물 위로 떠오르는 12개의 코르크를 계속 물 속으로 집어넣으려는 사람을 생각해보라. 어떻게 할 것인가? 헛된 코르크는 잊어버리고 바깥으로 헤엄쳐 가야 할 것이다. 우리는 어둠을 몰아내라고 부르심을 받은 것이 아니라, 빛을 밝히라고 부르심을 받은 사람들이다.

> 젊은이가 어떻게 해야 그 인생을 깨끗하게 살 수 있겠습니까? 주님의 말씀을 지키는 길, 그 길뿐입니다. 내가 온 마음을 다하여 주님을 찾습니다. 주님의 계명에서 벗어나지 않게 하여 주십시오. 내가 주님께 범죄하지 않으려고, 주님의 말씀을 내 마음 속에 깊이 간직합니다(시 119:9-11).

우리는 진리를 선택함으로 거짓의 아비를 이겼다.

> 모든 지각에 뛰어난 하나님의 평강이 그리스도 예수 안에서 우리 마음heart과 생각mind, noema을 지키실 것이다(빌 4:7을 보라).

> 마지막으로, 형제자매 여러분, 무엇이든지 참된 것과, 무엇이든지 경건한 것과, 무엇이든지 옳은 것과, 무엇이든 순결한 것과, 무엇이든 사랑스러운 것과, 무엇이든지 명예로운 것과, 또 덕이 되고 칭찬할 만한 것이면, 이 모든 것을 생각하십시오. 그리고 여러분은 나에게서 배운 것과 받은 것과 듣고 본 것들을 실천하십시오. 그리하면 평화의 하나님께서 여러분과 함께하실 것입니다(빌 4:8-9).

우리가 그리스도 안에서 자유를 경험한다면 우리는 호수 바깥으로 헤엄쳐 갈 수 있다. 그러나 우리가 여러 가지 문제를 해결되지 않은 채 가지고 있다면 우리는 물 위에서 헛발질을 하다가 결국 가라앉을 것이다. 다음에 나오는 에필로그에서 개인적이고 영적인 갈등을 해결하는 것이 어떻게 자유에 이르게 하는지를 보여주며 이 책을 끝맺으려고 한다. 그러기 전에, 물 속으로 막 빠져들고 있었던 한 선교사의 간증을 나누고 싶다. 이분의 간증은 순전한 회개를 통하여 얻게 되는 참 자유를 우리에게 잘 보여주고 있다. 이 여인은 어떻게든지 삶을 꾸려 나가려고, 정신과 의사와 심리상담가와 목사님을 일주일에 한 번씩 만나고 있었다. 나는 어느 금요일 오후에 그를 만나게 되었고, 〈그리스도 안의 자유에 이르는 단계〉 과정에 참석하도록 설득했다. 그리고 두 달 후, 이런 편지를 받았다.

목사님을 금요일에 만나고서 주일 저녁 일기장에 쓴 내용을 나누고 싶습니다.

금요일 오후 이래로 나는 아주 다른 사람처럼 느끼고 있다. 갑자기 화를 내고 분노하는 일이 없어졌다. 내 영혼은 매우 고요하고 기쁨으로 충만하다…. 아침에 일어나면 내 마음을 다해 하나님께 찬양을 올려드린다. 긴장과 조바심이 사라져 버렸다. 성경말씀은 이전 어느 때보다도 흥미롭고, 활력이 있고, 쏙쏙 이해가 된다. 금요일 오후에 닐 목사님과 만났을 때 특별히 극적인 것은 없었으나, 내 존재의 아주 깊은 곳에서 무언가 변화가 일어났음을 나는 확신한다. 이제 나는 더 이상 비난, 의심, 자살이나 살인 충동 또는 다른 나쁜 생각들 - 이것들은 지옥에서 곧장 내 머리로 덤비듯 들어왔었다 - 이 떠오르지 않는다. 내 마음과 영혼에는 고요함이 흐르고, 내 의식은 청명하고 깊다.

이제 나는 장래가 기대되며 흥분된다. 나는 이제 영적으로 다시 성숙해갈 것이며 다른 면에서도 발전할 것이다. 나는 이제 하나님이 창조하시고 구속하신 나를 다시 발견하는 기대에 차 있다. 내 결혼생활도 변할 것이다. 오랜 세월의 어둠 후에 누리는 이 기쁨은 말로 다 할 수 없다.

제가 이 글을 쓴 지 2개월이 지났습니다. 저는 이제 목사님의 사역이 얼마나 유익하고 귀한지를 확신하게 되었습니다. 지난 몇 달간 다양한 치료를 받았지만, 제가 지금 받고 있는 과정에 비교할 만한 것은 없었습니다. 제 영혼은 안정을 되찾았고 제 의식은 훨씬 더 또렷해졌습니다. 이제는 여러 가지 일들을 연관지어 생각하고 전체 그림을 조망하는 것이 훨씬 더 쉬워졌습니다. 이제는 모든 것이 더 쉽게 이해되는 것 같습니다.[2]

〈연구〉
1. 우리 스스로 자신을 어떻게 생각하느냐 하는 것이 우리가 누구인지에 어떤 영향을 미치는가?
2. 마음속의 영적 전쟁으로 갈등해본 일이 있는가? 중독을 이기는 능력에 이 경험이 어떤 영향을 끼쳤는가?
3. 음란물의 영, 동성애의 영, 술의 영을 내쫓기만 해서는 충분치 않은 이유가 무엇인가?
4. 우리는 어떻게 정신적 요새를 무너뜨릴 수 있는가?

〈주〉
1. 〈그리스도 안의 자유〉 사역의 닐 앤더슨에게 보낸 전자우편.
2. 〈그리스도 안의 자유〉 사역의 닐 앤더슨에게 보낸 편지.

에 필 로 그

지난 15년간 우리 〈그리스도 안의 자유〉 사역은 전 세계 여러 지역의 사람들이 순전한 회개와 하나님을 믿는 믿음을 통하여 그들의 개인적, 영적 갈등을 해결하도록 사람들을 돕는 일에 힘써왔다. 우리가 사용하는 제자훈련용 교재는 《그리스도 안의 자유에 이르는 단계The Steps to Freedom in Christ》로, 인터넷 서점이나 우리 단체에서 구입할 수 있다. 이 교재는 스스로 공부하고 사용할 수 있도록 구성되어 있으나 경우에 따라서 신실한 목회자나 상담가의 도움이 필요한 사람들도 있다. 이런 단계별 제자훈련에 대하여 더 알기 원하면 닐 앤더슨의 책 《Discipleship Counseling》(Regal Books, 2003)을 읽기 바란다.

그리스도 안에서 누리는 자유를 찾도록 사람들을 돕는 일은 영적인 실체까지 고려한 총체적인 해답을 요구하는 것으로, 이는 우리가 하나님께 전적으로 복종하며 사단을 대적해야 함을 의미한다(약 4:7을 보라). 또한 그 과정에서 그리스도와 성령을 올바로 이해하고 의식적으로 개입시키는 것이 필요하다. 하나님은 놀라운 상담자이시며 위대한 의원이시다. 오직 하나님만이 상한 마음을 싸매시며 포로 된 자들을 자유케 하실 수 있다. 그분은 "회개함을 주사 진리를 알게"(딤후 2:25) 하시는 분이다.

여러 교회에서 〈그리스도 안의 자유한 삶〉 수련회를 하면서 제자도 상담과정과 관련하여 연구조사를 실시했다. 조사 대상은 수련회의 메시지를 듣고 좀더 자세한 도움을 요청한 사람들로, 일부는 이 책에 그 내용이 나와 있다. 참가자들은 훈련된 교사들을 통하여 좀더 심화된 상담을 일정 기간 받았다. 상담을 받기 전에 사전 테스트를 하고, 3개월의 상담을 마친 후에 다시 시험을 치렀는데 다음과 같은 결과가 나왔다.

57%는 우울증이 개선되었다.
54%는 불안이 개선되었다.
49%는 두려움이 개선되었다.
55%는 분노에 효험이 있었다.
50%는 고통스런 생각에서 호전을 보였다.
53%는 부정적인 습관에서 호전을 보였다.
56%는 자아상이 개선되었다.

이런 결과를 발표하는 이유는 우리 사역의 신뢰도를 선전하려는 것이 아니다. 이 과정이 그렇게 효과적인 까닭은 우리가 훌륭한 전문 상담기관이라서가 아니다. 사실 이번 연구를 위한 상담은 모두 훈련된 평신도 여러분이 성심껏 해주셨다. 이 과정이 효과를 거두는 이유는, 사람들을 자유롭게 풀어주시는 분이 다름 아닌 주님이시기 때문이다. 그리스도인들은 먼저 개인적 문제와 영적인 갈등을 해결한 다음에야 사랑하는 하늘 아버지와 관계를 맺으며, 성령님은 그들의 영으로 더불어 그들이 하나님의 자녀라는 것을 증거하신다. 이 책에 실린 간증 하나하나는 이러한 제자훈련 상담과정의 산물이다. 독자 여러분도 진정한 회개와 하나님을 믿는 믿음을 통하여 그리스도 안에 있는 자유를 발견할 수 있다. 그렇게 될 때 성경은 살아 움직이기 시작할 것이고, 우리 주님과 구주 예수 그리스도 안에 있는 은혜와 지식에서 자라가게 될 것이다. 좋으신 주님께서 이런 회개의 길로 당신을 인도하시기를 바란다.

다음 페이지는 잘라서 개인적으로 사용할 수 있다. 한 장에는 그리스도 안에서 내가 누구인지를 적어놓았다. 다른 한 장에는 "그리스도 안에서 승리한 이들의 서약"이 있다. 이것은 내가 그리스도 안에서 누구인지, 또 내가 죄를 이긴 승리가 어떠한 것인지를 기억하도록 돕는 유용한 도구가 될 것이다.

교재나 수련회에 대한 문의는,
　　Freedom in Christ Ministries
　　9051 Executive Park Drive, Suite 503
　　Knoxville, Tennessee 37923
　　Phone: (865)342-4000
　　Fax: (865)342-4001
　　E-mail: info@ficm.org
　　Website: www.ficm.org

그리스도 안에서 나는 누구인가

나는 용납되었다

요 1:12	나는 하나님의 자녀이다.
요 15:15	나는 그리스도의 친구이다.
롬 5:1	나는 의롭게 되었다.
고전 6:17	나는 주님과 연합하여 한 영이 되었다.
고전 6:19-20	나는 값을 치르고 사신 바 되었다. 나는 하나님께 속해 있다.
고전 12:27	나는 그리스도의 몸의 한 지체이다.
엡 1:1	나는 성도이다.
엡 1:5	나는 하나님의 자녀로 입양되었다.
엡 2:18	나는 성령을 통하여 하나님께 직접 나아갈 수 있다.
골 1:14	나는 속량(구속)되었고 내 모든 죄를 용서 받았다.
골 2:10	나는 그리스도 안에서 충만함을 받았다.

나는 안전하다

롬 8:1-2	나는 모든 정죄를 벗어났다.
롬 8:28	나는 모든 일이 합력하여 선을 이룰 것을 확신한다.
롬 8:31-34	나는 내게 대한 모든 송사로부터 자유하다.
롬 8:35-39	나는 하나님의 사랑으로부터 분리될 수 없다.
고후 1:21-22	나는 하나님에 의해 세움 받고, 기름부음 받고, 인치심을 받았다.
빌 1:6	나는 하나님이 내 속에 시작하신 착한 일이 완성될 것을 확신한다.

빌 3:20	나는 천국의 시민이다.
골 3:3	나는 그리스도와 함께 하나님 안에 감취어 있다.
딤후 1:7	나는 두려워하는 영이 아니라 능력과 사랑과 건강한 마음을 받았다.
히 4:16	나는 필요할 때 은혜와 자비를 얻을 수 있다.
요일 5:18	나는 하나님께로서 났으며, 악한 자가 나를 건드리지도 못한다.

나는 중요한 인물이다

마 5:13-14	나는 세상의 빛과 소금이다.
요 15:1, 5	나는 참 포도나무의 가지요, 하나님의 생명의 통로이다.
요 15:16	나는 택함을 받아 열매를 맺도록 지정되었다.
행 1:8	나는 그리스도를 인격적으로 증거하는 사람이다.
고전 3:16	나는 하나님의 성전이다.
고후 5:17-21	나는 사람들을 하나님과 화목하게 하는 직책을 맡았다.
고후 6:1	나는 하나님의 동역자이다(고전 3:9을 보라).
엡 2:6	나는 그리스도와 함께 하늘에 앉아 있다.
엡 2:10	나는 하나님의 작품이다.
엡 3:12	나는 자유와 확신을 가지고 하나님께 나아갈 수 있다.
빌 4:13	나는 내게 힘 주시는 그리스도 안에서 모든 것을 할 수 있다.

그리스도 안에서 승리한 이들의 서약

1. 나는 나의 모든 신뢰와 확신을 주님께 두며, 육신을 신뢰하지 않고, 나 자신을 하나님께 의존한 자로 선언한다.
2. 나는 의식적, 의도적으로 자기를 부인함으로써 하나님께 복종하고 마귀에 대항하기로 선택한다.
3. 나는 하나님께서 하나님의 때에 나를 높이시도록 하나님의 전능하신 손 앞에서 겸손히 나 자신을 낮추기로 선택한다.
4. 나는 그리스도와 함께 죽었고 그리스도와 함께 다시 살리신 바 되었으므로, 그리스도 예수 안에서 죄에 대하여 죽었고 그로써 죄에서 자유하며, 하나님께 대하여 살아 있음을 선언한다.
5. 나는 하나님의 자녀로서 아무 조건 없이 사랑받고 용납되고 있다는 진리를 기쁘게 수용한다. 또한 나는 용납되기 위하여 어떤 행위를 해야 한다는 거짓 가르침을 거부하며, 세상이 부여한 나의 타락하고 본능적인 정체성을 거부한다.
6. 나는 이제 율법 아래 있지 아니하고 은혜 아래 있으므로 죄가 더 이상 나를 지배하지 못하며, 나는 그리스도 예수 안에 영적으로 살아 있으므로 더 이상 정죄나 죄책이 없음을 선언한다.
7. 나는 어떠한 경우에도 내 몸의 불의한 사용을 거부하며, 나 자신을 더 이상 이 세상을 따르도록 내어주지 아니하고 오히려 내 마음을 새롭게 함으로써 변화를 받는 데 내어드리기로 결의한다. 나는 나의 감정이나 환경과 상관없이 진리를 믿고 진리를 따라 행하기로 선택한다.
8. 나는 모든 생각을 사로잡아 그리스도께 복종시키기로 나 자신을 드리며, 참되고 경건하고 옳고 순결하고 사랑할 만한 것들을 생각하기로 선택한다.
9. 나는 내 삶에서 그분의 형상을 이루시려는 하나님의 위대한 목표에 나 자신을 헌신한다. 나는 많은 시험을 만날 것이나 하나님은 이미 나에게 승리를 주셨고, 나는 희생자가 아니라 그리스도 안에서 이기는 자임을 확신한다.
10. 나는 이기심이나 공허한 자존심에서 하는 모든 행위를 버리고, 다른 사람을 나보다 더 중요하게 생각하는 겸손한 그리스도의 마음과 태도를 받아들이기로 선택한다. 나는 단순히 나 자신의 개인적인 관심사만 아니라 다른 사람의 관심사에도 주의를 기울일 것이다. 나는 받는 것보다 주는 것이 더 복이 있다는 사실을 안다.

옮긴이 소개

정진환
인하대, 장신대원 졸업
외국인 근로자 선교
현대중공업 과장
죠이선교회출판부 편집, 번역위원
「은혜의 각성」, 「새 바람 강한 불길」, 「험한 십자가」 등 다수의 책 번역

현재 TMS International 대표
www.tmsi.org
서울노회(통합) 전도목사

중독행동을 극복하기 위한
내가 누구인지 이제 알았습니다

초판 발행	2005년 6월 30일
초판 8쇄	2020년 9월 25일
지은이	닐 앤더슨, 마이크 퀄스
옮긴이	정진환
발행인	김수억
발행처	죠이선교회(등록 1980. 3. 8. 제5-75호)
홈페이지	www.joybooks.co.kr
주소	02576 서울특별시 동대문구 왕산로19바길 33
전화	(출판부) 925-0451
	(죠이선교회 본부, 학원사역부, 해외사역부) 929-3652
	(전문사역부) 921-0691
팩스	(02)923-3016
인쇄소	㈜주손디앤피
판권소유	ⓒ죠이선교회
ISBN	89-421-0207-7 03230

책값은 뒤표지에 있습니다.
잘못된 도서는 교환하여 드립니다.
이 책의 내용을 허락 없이 옮겨 사용할 수 없습니다.